少年心理课

为自己发声

如何不让自己受委屈

[美]格森·考夫曼　[美]列夫·拉斐尔｜著

高福猛　黄晓晓｜译

浙江科学技术出版社

版权所有　侵权必究

Copyright © 2019 by Gershen Kaufman, Ph.D., and Lev Raphael, Ph.D.
Original edition published in 2019 by Free Spirit Publishing Inc.,
Minneapolis, Minnesota, U. S. A., http://www.freespirit.com under
the title: Stick Up for Yourself! All rights reserved under
International and Pan-American Copyright Conventions.
Simplified Chinese rights arranged through CA-LINK International LLC.
著作权合同登记号　图字：11-2019-92

图书在版编目（CIP）数据

为自己发声 /（美）格森·考夫曼,（美）列夫·拉斐尔著；高福猛,黄晓晓译. — 杭州：浙江科学技术出版社，2023.9
（少年心理课）
书名原文：STICK UP FOR YOURSELF!
ISBN 978-7-5739-0384-6

Ⅰ.①为… Ⅱ.①格…②列…③高…④黄… Ⅲ.①校园-暴力行为-预防-少年读物 Ⅳ.①G474-49

中国国家版本馆CIP数据核字（2023）第071276号

丛 书 名	少年心理课
书　　名	为自己发声
著　　者	［美］格森·考夫曼　［美］列夫·拉斐尔
译　　者	高福猛　黄晓晓

出版发行	浙江科学技术出版社
	地址：杭州市体育场路347号　邮政编码：310006
	办公室电话：0571-85176593
	销售部电话：0571-85062597
	E-mail：zkpress@zkpress.com
排　　版	杭州兴邦电子印务有限公司
印　　刷	杭州捷派印务有限公司

开　本	880 mm×1230 mm　1/32	印　张	6.5
字　数	112千字		
版　次	2023年9月第1版	印　次	2023年9月第1次印刷
书　号	ISBN 978-7-5739-0384-6	定　价	49.00元

责任编辑	刘　雪	责任美编	金　晖
责任校对	赵　艳	责任印务	吕　琰

前言
为自己发声意味着什么

今天，米坎在学校过得很不愉快，因为同学们又欺负他了——喊他的外号，嘲笑他，趁老师不注意时绊倒他。米坎试着无视他们，但他们仍然不肯住手。有时候，米坎真想把他们都狠狠揍一顿，或者干脆永远逃离学校，再也不回去。

当天晚上，妈妈问米坎这一天过得怎么样。

"我恨学校！"他说，"我不想再被欺负了，我希望可以再也不去学校上学了。"

"你知道的，你不能就这样放弃，"妈妈说，"你要为自己发声。"

贾丝明的爸爸会把一切都怪罪到她头上。昨天晚上，她的弟弟打碎了一个盘子，爸爸却冲她大喊大叫："要是你早就把桌子收拾干净了……""要是你能好好地看住他……""要是你按我说的多注意点儿……"诸如此类的话一大堆，让她非常难过！

　　过了一会儿，贾丝明发信息给最好的朋友，把这件事告诉了她。

　　"就算不是我做的事，他也会因此责备我！"她愤怒地在键盘上敲下了这行字。

　　"父母怎么可以这样对待你，"她的朋友回复道，"不要让他再这么粗暴地对待你了，你要为自己发声！"

　　胡安知道自习室里禁止说话的规定。当马修在桌子底下无缘无故踢他时，他正专注于自己的事，安静地做着数学作业。胡安只说了一句话："嘿，别闹了！"他说得很小声，但老师还是让胡安放学后留下来！

　　胡安想解释，可老师打断了他："不许再多说一个字。"这时,马修还坐在那儿,咧着嘴,带着一脸傻笑。

晚饭后,胡安把这件事告诉了家人。

"你违反了规定,"爸爸说,"但听上去你不是故意的。你的老师做得不公平,所以你要为自己发声。"

当米坎的妈妈告诉他要为自己发声时,这意味着什么?他应该欺负那些欺负过他的同学吗?他应该找那些同学打架吗?对于给他的生活带来痛苦的人,他应该试着报复吗?

当贾丝明的朋友告诉她要为自己发声时,这意味着什么?她应该跟爸爸顶嘴吗?她应该因为弟弟惹的麻烦而打弟弟吗?她应该回到自己的房间,并把门摔得砰砰响吗?

当胡安的爸爸告诉他要为自己发声时,这意味着什么?在老师不让胡安说话之后,他应该继续说话吗?他应该踢马修,希望马修也说话吗?他应该去找校长投诉老师吗?

有人跟你说过要为自己发声吗?也许你对此有些困惑。当你不知道为自己发声究竟是什么意思时,你所做的事终将徒劳无益。

- 为自己发声，不是指要报复他人，也不意味着要表现得蛮横、傲慢或粗鲁，更不代表在任何时候想说就说、为所欲为。
- 为自己发声，意味着你知道自己是谁、支持什么，并且做真实的自己；意味着你知道如何为自己发声，并在合适的时候这么做（有时候时机确实不合适）；意味着有人永远站在你这边，而那个人就是你自己。

为自己发声需要什么

想画画的人需要颜料、画笔和可以在上面涂抹色彩的画布；想写书的人需要一个想法、可以书写的载体（比如笔记本或平板电脑）以及写作的时间。

而想为自己发声的人，则需要自我力量、积极的自尊和内心安全感。

这本书告诉你如何拥有自我力量。要拥有自我力量，必须先认识自己。如果你不知道你是谁，不知道对你来说什么东西很重要，你就无法为自己发声。

这本书同样告诉你如何建立积极的自尊。只有自爱且拥有真正的自豪感的人，才能为自己发声。

这本书还会告诉你如何获得内心安全感。只有内心感到安全的人才能为自己发声，而自我力量和积极的自尊对于获得内心安全感都是必不可少的。

如何使用这本书

你知道爱丽丝梦游仙境的故事吗？如果你听过这个故事，那你也许记得里面的"喝我"魔水和"吃我"蛋糕。当爱丽丝喝了一口瓶身上标着"喝我"字样的魔水后，她立刻就变小了；而当她咬了一口写着"吃我"字样的蛋糕后，她又马上变大了。

这本书并不会让你立刻学会为自己发声的方法，因为你得花时间去学习，你得努力去实践，另外你还得有想改变自己的意愿。

我们相信这本书能够帮助你学会如何为自己发声。在这本书中，你会发现有许多理念是其他少儿读物所未提及的。我们相信孩子们能理解这些理念，并能在实践中应用。

事实上，我们知道已经有很多孩子在实践这些理念了。我们在书中特意设置了重要的一章——"如何获得内心安全感"，我们也收到了许多孩子的来信，他们都尝试了书中提到的方法。以下是他们信件内容的摘录：

"这本书在调整情绪方面真的帮了我很多。在读这本书之前,我经常和朋友吵架。我把自己的感受写下来,然后像您说的那样和大人好好地聊了一下。这个方法很管用。"

"这本书真的帮了我大忙!我今年念四年级,在班上是年龄最小的孩子,所有人都欺负我或拿我取乐。自从读了这本书之后,我就学会怎样为自己发声了。"

"午餐时,我的朋友把牛奶洒在了地上,他却因此指责我,他说'是你害我洒了牛奶'。我没有理睬他,因为我知道我只需要为我自己的行为承担责任。"

"学校里有个男孩总是欺负我,但现在他已经不敢接近我了,因为我学会了如何为自己发声。"

"读这本书的时候,我经常和妈妈讨论书中的内容。现在,我能为自己做更多的选择。之前我经常去朋友家玩,妈妈却总是在她觉得差不多的时候来接我回家,但我还没有玩够,我不愿意被妈妈'强行'接走。我和妈妈谈了这件事,她答应我以后我可以在想回家的时候再给她打电话让她来接我。"

"我现在能更好地做出选择了。我不再只会百依百顺,尤其是在我不情愿的时候。"

"'对自己负责的人'的那部分内容对我真的很有益处。特别是'我们可以选择不动手打人,即使我们感觉很抓狂,想把某个人揍一顿'这句话。上次和姐姐吵架后,我回到房间,坐在床上开始打我的枕头。我还喜欢'我们可以选择在被提醒或被念叨之前就完成作业和家务'这句话。真的非常有用!"

"我会打棒球,但打得不是很好。我经常被三振出局[①],也会错过高飞球,甚至从未入选过首发阵容。但在读了这本书之后,我可以说'嘿,我已经尽力了'。这样的处理方式,在我学习学校的科目,以及参与体育运动的竞争时,也同样适用。"

如果你想有所收获,尝试以下这些小技巧吧:

- 不要觉得读完书就万事大吉了!实践才是最重要的!每当你看到写着"了解自己"的方框时,花点儿时间动动笔,你将会更了解自己。

[①] 在棒球运动中,当防守方的投手投出一个符合规则的好球,而进攻方的击打手没能击中球时,称为振。如果击打手连续三次未能击中球,即得到三个振,就会在本局中被罚出局。这种情况叫作三振出局。

- 用一本特殊的笔记本或日记本来记录你的"了解自己",也可以用平板电脑来记录,就看你怎么选了!(如果觉得绘画的方式更好,你也可以把答案给画出来。)这样无论你在哪里写作,都可以把阅读时脑子里冒出的想法记录下来。你要为自己设定自我力量、积极的自尊和内心安全感的目标,然后追踪自己的进步过程。

- 和一个你信赖的大人——一个关心你、希望你的一切都尽善尽美的成人共读此书。和他讨论书中的观点,以及这些观点与你的生活有怎样的联系。

> 孩子们生活的家庭不尽相同。也许你和父母生活在一起,也许你和养父母、祖父母或其他大人生活在一起。在本书中,有时候你会看见"妈妈""爸爸"以及"父母"之类的词,当你看到这些词时,请将他们想成那些正在照顾你的大人。

目 录

第1章 什么样的人拥有自我力量　1

对自己负责的人　4
能做出正确选择的人　12

第2章 如何拥有自我力量　21

准确描述自己的感受　24
了解更多关于感受的词汇　28
通过面部表情了解自己的感受　47
了解复合感受　49
大声说出自己的感受　56
确立梦想并不断更新　57
说出自己的需求　61
关注自己的感受、梦想和需求　73
尽量每天和自己说说话　75
无法应对过于强烈的感受时，选择暂时逃离　77
尝试用其他方法应对强烈感受　81

第3章 如何增强自我力量　91

了解角色力量和自我力量的不同　94
关注人际关系中的角色力量和自我力量　97
让自己拥有更多的选择　99
让自己和别人在人际关系中拥有同等的权力　102
学会如何应对霸凌　106
在生活中增强自我力量　111
列快乐清单　112

第4章 如何建立自尊　119

倾听自己内心的声音　123
了解自尊的真正含义　126
知道需要建立自尊的10个理由　127
掌握如何建立自尊的方法　128
知道拥有积极自尊的16种标志　137
用"可以""不要"建立积极的自尊　139
做对自己有益的6件事　141

第5章 如何获得内心安全感 145

接受自己的无力感 148

接受生活里的不确定感 149

接受自己的局限性 152

掌握获得内心安全感的方法 156

学会在网络中保护自己 170

快速增强内心安全感的方法 175

第6章 从今天开始,为自己发声 179

给父母、老师和其他大人的一封信 185

致　谢 191

第 1 章

什么样的人拥有自我力量

当你听见"自我力量"这个词时，你认为它有什么含义？

- 比别人更优秀？
- 比别人更聪明？
- 比别人更强壮？
- 能让别人对自己言听计从？
- 比别人更富有？
- 能成为摇滚歌手、电影演员或运动员一样的名人？
- 还是包含以上所有呢？

当我们提到"自我力量"这个词时，我们指的并不是以上列出的任何一项。自我力量意味着自带安全感和自信。

任何人都能拥有自我力量，就算你只是个孩子，也能拥有自我力量。你可以学习如何获得并运用它。也许你现在还察觉不到它，但你可以学会获得安全感与自信心。

获得并运用自我力量需要时间，也需要实践，或许还需要改变自己的勇气，但要相信你一定能拥有自我力量！

拥有自我力量的人是：

1. 对自己负责的人。
2. 能做出正确选择的人。

对自己负责的人

> **实际上** 你得对自己要成为什么样的人,以及自己的生活方式负责。

也许你并不赞同这个观点,但如果总是由大人告诉你该做什么,你又怎么能担得起责任呢?

许多孩子都对此感到疑惑,因而在对待人与事时,他们会把负责任与管理或掌控其他人、其他事物混为一谈。

> 爸爸外出访友时,萨拉负责照看弟弟雅各布。雅各布想看他最喜欢的电视节目,而萨拉则想看她喜欢的电视节目。萨拉告诉雅各布:"爸爸说由我来负责一切,你必须按我说的做。"

萨拉将"负责"当成了任意行事的借口,然而这并不是"负责"的真正含义。此外,"负责"也不意味着你需要掌控发生在自己身上的每件事。

因为生活中有很多事是你无法掌控的,比如天气、家庭住址、你会去哪所学校上学、老师会给你留多少作业、某个人是否决定要和你做朋友,以及其他人如何行事或会有怎样的感受。

> **实际上** 你只对自己的行为和感受负责。

对自己的行为负责

> 布兰登和贾米莱正在玩电动赛车游戏。贾米莱总是赢,惹得布兰登不高兴了,因为这是布兰登的游戏,他觉得自己才应该是赢家!
>
> 突然,布兰登抢走了贾米莱的手柄,并故意将贾米莱操控的小车撞毁。
>
> "喂!"贾米莱问,"你在干什么?"
>
> "你不能每一场游戏都赢,"布兰登回答,"是你逼我这么做的。"

索菲娅正打算去朋友伊莎贝拉家玩。她穿好外套准备出门时,妈妈却在身后叫住了她:"索菲娅,你洗好碗了吗?"

"我等会儿再洗。"索菲娅回答道。

"我希望你现在就洗,"妈妈说,"你可以洗完了碗再去和伊莎贝拉玩儿。"

索菲娅冲着妈妈发起了脾气。她怒火朝天,冲出了房间,捡起她最喜欢的玩具丢了出去……玩具碎了一地。

过了一会儿,她泪流满面地捡起玩具的碎片,抽泣着把它们拿给妈妈看,"看看你让我做的好事!"

有时候,别人会说一些我们不爱听的话,或做一些我们不喜欢的事,这令我们感到沮丧或生气。我们也会做一些事来报复他们,并且把我们的所作所为都怪罪到他们头上。

我们只需要对自己的行为举止负责。贾米莱没有指使布兰登撞坏小车,索菲娅的妈妈也没有强迫索菲娅摔坏最爱的玩具,只有布兰登和索菲娅才需要对他们的行为负责。

因为去商店需要穿过三个社区和两条熙熙攘攘的马路，而爸爸认为利亚姆和诺厄都还太小了，所以他不准两个孩子独自去商店，并告诉他们不能擅自行动。

有一天，诺厄让利亚姆和他一起去商店买些糖果吃。当利亚姆还在犹豫时，诺厄说："别像个婴儿似的长不大。爸爸永远都不会发现的。"

但后来，爸爸在垃圾桶里找到了糖果的包装纸。

"我已经说得很清楚了，不准你们独自去商店，"他说，"你们为什么不听我的话？"

"是诺厄的主意，"利亚姆说，"是他让我去的。"

有时候，我们会因为被他人说服而去做一些我们明知不应该做的事，并认为这样一来就不用对自己的行为负责了（或可以少负些责任）。但诺厄可没有让利亚姆违背爸爸的规定擅自去商店，要对利亚姆的行为负责的只有他自己。

"妈——妈——"奥利维娅大叫着，"埃玛把最后一个卷饼吃掉了！"

> "那个卷饼应该是奥利维娅的，"妈妈叱责了埃玛，"我跟往常一样，给你们每人买了3个卷饼。"
>
> "可是……我不是故意吃掉它的！"埃玛回答道。

有时候，我们做事全凭自己的喜好，不会考虑后果，或不会考虑我们的行动是否会影响到别人。光是说"我不是故意的"，并不代表我们没做过这件事。埃玛始终要对她自己的行为负责。

不仅仅是孩子会混淆这些概念，许多大人也会混淆，并且不会对自己的行为负责。你也许听某些大人说过类似的话，诸如"我很抱歉，刚才不该对你大喊大叫，但你让我很生气，我忍不住"或"我心情很差，所以你不该和我吵架。是你不对"，还有"我不是故意错过你的垒球比赛的，可我下班之后还有会议要参加"。

大人的遣词造句也许和孩子不同，但他们要表达的都是一个意思——我不会对自己的行为负责。现在你知道了，这是不对的。所以下一次，当一个大人说"是你让我这么做的"时，你可以这么想——我可没让你做这些，我只对自己的行为负责。这就是一种为自己发声的方法。

这很重要

别把"我可没让你做这些,我只对自己的行为负责"这句话大声地告诉大人,你自己在心里想想就可以了。这句话其实很没有礼貌,说出来反而可能会让你陷入麻烦的境地,你自己心里明白大人的某些行为并不是因你而起的就足够了。如果你想告诉他们这一点,那么可以等到事态平复下来了之后再去询问:"你是否可以谈谈刚刚发生的事?"在你觉得这么做对自己无害,并且认为谈话有用时再做这件事。你们可以一起制订一个未来计划。

当真的明白要对自己的行为负责时,我们就可以开始为自己做一些重要决定。

- 我们可以选择告知真相,而不是撒谎、夸大其词、捏造事实或找借口。
- 我们可以选择成为值得信赖的人。
- 我们可以选择不动手打人,即使我们感觉很抓狂,想把某个人揍一顿。
- 我们可以选择在被提醒或被念叨之前就完成作业和家务。

负责任通常有益于学校和家庭生活。我们越负责任，人们就越信任我们，我们也就越容易获得自由和特权。

但这并不是你开始负责任的主要原因。你负责任的真正原因在于：负责任是一件能为你带来好处的事。负责任能让你发自内心地感到安全和自信，能让你感到拥有自我力量。

还有一些你要明白：学会负责任并不等同于变得完美。你仍会犯错，所有人都会犯错。有时候，你会做一些不该做的事，因为人无完人。但最重要的一点在于，当犯下大错时，你要愿意承担责任、勇于承认错误并为此道歉。如果打坏了东西，你要主动提出修复或赔偿。此外，你应尽可能地对做错的事进行补救。如果所做的一切都已经于事无补，那就放下它，去做别的事。

对自己的感受负责

没有人能迫使你去抢夺别人的游戏手柄、打碎自己最爱的玩具或违反父母的规定，同样地，没有人能左右你的感受，比如快乐或不快乐，兴奋或生气，烦闷或好奇等许多感受。你也要对自己的感受负责。

但有的时候，别人所说的话或所做的事像触发器一样，能引起你情感的波动。

"你放学回来后,把书包和夹克都收好了吗?"爸爸问托尼。

"还没有。"托尼心不在焉地回答道。他正忙着为他的漫画书设计新的人物角色。托尼热爱绘画,想在长大后成为一名漫画家。

"需要你做事的时候,你总是偷懒!"爸爸对他大声嚷嚷,"我要你现在就把你的东西收拾好!"

突然间,托尼感觉受到了伤害。为什么爸爸要大声叫喊?好像爸爸总是在吼,总是在指责他不能按时完成家务!托尼被激怒了,因为爸爸的话和叫喊声唤醒了他内心深处的伤痛。

也许托尼平时需要别人提醒才记得做家务,也许他只是习惯先做别的事,比如画画。所以,当他说出"还没有"这几个字的时候,爸爸心中懊丧和气恼的情绪就被触发了。

好消息是,我们可以学习如何避免情绪被这些"触发器"所操控。我们能决定自己如何去感受,并把握自己的情绪走向。

能做出正确选择的人

实际上 因为你要对自己的行为和感受负责,所以你要会在行为和感受上做出正确选择。

你可以选择如何表现。你可以选择不抢夺朋友的游戏手柄、不摔碎玩具或不违反父母的规定,即使你内心深处想做这些事,而且想做这些事的愿望如此强烈、令人难以抗拒。

我们的行为举止常常和我们的感受密不可分。我们会因为愤怒而对他人动手,会因为烦躁而对他人大喊大叫,还会因为悲伤而痛哭流涕。

你可以选择生气、沮丧或悲伤的程度,你甚至可以选择有不同的、更积极的感受。

玛丽亚为数学考试而很努力地学习。考试结束后,她觉得自己发挥得非常好,但当老师把卷子发下来之后,玛丽亚却发现自己答错了6道题。老师用红笔写了几个大大的字——你能考得更好!

玛丽亚可以选择如何应对自己的感受。她可以对老师生气，因为老师没有注意到她有多么努力地学习；她也可以对自己生气，因为她在考试中的发挥没有达到预期水平。她可以这样想："如果我更聪明一些，就不会犯这么多错误了。我可真蠢。"她还可以对自己这样说："我已经尽了最大的努力，我做得已经足够好了。下次考试前，我会多向别人请教，试着让自己做得更好。"

> 从学校回到家后，丹尼尔很兴奋，迫不及待地要跟妈妈讲述自己今天在学校里的见闻：他所在的队伍在排球比赛中获胜了，他上了一堂非常有趣的打击乐课，他在自习课上就写完了今天的作业……一切都棒极了！但当他冲进家门的时候，却看见妈妈正忙着发信息。妈妈示意丹尼尔先别说话，等她忙完再说。

丹尼尔可以选择如何应对自己的感受。他可以觉得自己被忽略了，也可以这么想："妈妈发送信息的对象一定比我重要，不然她一定会在第一时间放下手机专心听我说话。"他还可以这样告诉自己："妈妈也许不会忙太久，我可以等一下。听会儿音乐什么的，这样时间会过得快一些。"

卡洛斯跟他的猫咪感情可深了,是他把它一点一点地养大的。猫咪晚上会和他睡在一张床上,还会跟着他到处跑。当卡洛斯从学校回到家时,猫咪总是蹲在家门口迎接他。

有一天,猫咪得了很重的病。卡洛斯的爸爸带它去看了兽医,可兽医觉得猫咪不会好起来了,她认为猫咪剩余的日子不多了。

这种时候,感到悲伤和惋惜是再自然不过的事。当我们所爱着的某个人将要死去或某些事物即将离我们而去时,我们会

感到孤独和恐惧。

尽管如此,卡洛斯依旧可以选择如何应对自己的感受。他可以选择独自面对悲伤和担忧,也可以选择和爸爸一起分享自己的感受。他们可以一起讨论关于猫咪的事,以及它对卡洛斯有多么重要。这么做也许不能让卡洛斯感到快乐,但他悲伤的感受会因此减弱一些,他也不再那么焦虑。在艰难的时候,有一个可以倾诉的对象很重要,这个人会倾听心声并理解我们的感受,让我们感到没那么孤单。

你可以选择如何处理生活给予你的一切,可以选择如何面对生活中的困难,可以选择如何适应你无法改变或无法控制的事。对于孩子来说,这听上去可能很难。但我们坚信,所有人都能学会怎么做,当然也包括你。

了解自己

写一写你在学校里遇到过的麻烦吧!可能是和老师或同学之间发生的事。先完整地描述一下当时的情况,然后找到3种不同的处理方法,再把这3种方法写下来。你认为哪种方法最有可能帮助你摆脱当前面临的困境?为什么?

期望与实际

学会做选择的重要一点是学会做出正确的选择。首先，要尝试预测因你所做的选择会发生你所期望的什么事，然后判断你的期望是否符合实际。

换句话说：你在做出选择的时候期望有什么样的结果？你期望的事发生的可能性有多大？如果可能性很大，你的选择就是符合实际的；反之，就是不切实际的。

为什么这一点很重要？因为当你的期望与实际不符时，你最终更有可能感到悲伤或失望。

> 安德烈娅报名参加了课外活动中的篮球运动，她打算每天都参加训练，不错过任何一场比赛。她希望在年末的时候能成为学校里首屈一指的篮球运动员！

安德烈娅要打篮球的想法是很好的，要每天都参加训练且不错过任何一场比赛的想法也很不错，但当她说要成为首屈一指的篮球运动员时，这就不切实际了。

也许她的确能成为一名优秀的篮球运动员，甚至可能成为一名极其优秀的篮球运动员，这都取决于她训练得有多刻苦，平时打篮球的频率有多高,以及她是否有打篮球的天赋。但她会成为顶尖的篮球运动员吗?这个可能性不大。因为打篮球的孩子有无数个,而顶尖的篮球运动员屈指可数。

我们正身处一种成功至上的文化氛围中,成为最优秀的那个人,例如最强壮的人、最快的人、最富有的人、最著名的人、最好看的人、最引人注目的人的确很重要。自我力量不仅意味着我们要把自己所看重的事尽可能做到最好,而且意味着即便我们不是最棒的,也要真心爱自己。

那么安德烈娅可以用哪些符合实际的期望来替换原先不切实际的想法呢?她可以期望深入了解篮球,可以期望学会更好的控球和投篮技术并尝试做能打不同位置的球员,可以期望花时间去学习新的技巧并从打球和学习中获得乐趣,还可以期望在球队中结交新的朋友。最重要的是,她可以偶尔犯点儿小错,而不是想着要成为完美的篮球运动员。这些才是符合实际的期望。

尽可能准确地预测你的选择所带来的结果。学会这一点很重要,能帮助你提前看清楚不同的选择所可能产生的结果。记住,做出选择后,结果随之而来。当你能真正看见自己的选择时,当你能预测并考虑它们将带来的结果时,当你能抱定符合实际的期望而放弃不切实际的期望时,你的期望将会与实际贴合得更加紧密。这将有助于你从内心感到自己更强大、更有力量。

了解自己

写下你遇到过的3个不同场景：在家里、在学校里、和朋友相处时的场景。写出你对每一个场景的期望，然后问问自己："我对这个场景，或对这个人有什么期望？我的期望符合实际吗？它们在现实中能实现吗？"如果答案是"不"，你该如何调整自己的期望呢？

卡伊一家刚搬到一座新的城镇上。今天是卡伊在新学校的第一天，刚开始他觉得局促不安和害怕。要是同学们不喜欢他怎么办呢？要是他迷路了或做了些尴尬的事怎么办呢？要是他没办法融入新环境怎么办呢？

一天下来，卡伊感觉好多了。一个名叫安东尼的男孩一整天都对他很好，带他参观了食堂，告诉他在哪里能买到牛奶。他还邀请卡伊在课间和他一起踢足球，并在吃午餐时和踢球时把卡伊介绍给了其他的同学。

> 当天晚上，卡伊向家人描述了他度过的这一天。
>
> "我好喜欢我的新学校！"他说，"有个叫安东尼的男孩对我真的很好，我想他会成为我最好的朋友！"

卡伊对新学校感到兴奋是件好事，要和安东尼成为朋友的想法也很棒，但当卡伊期望安东尼能成为他最好的朋友的时候，他的想法显得有些不切实际。

也许安东尼已经有了一个最好的朋友，也许安东尼对卡伊好只是因为老师告诉他应该这么做，也许卡伊和安东尼最终发现他们之间没有太多共同点，也许他们有很多共同点且最终成为好朋友……谁知道呢？现在就下结论还为时过早。

几乎所有人都得在人际关系方面碰过壁才能变得现实。我们希望自己关心的人也能关心我们，但别忘了别人的行为和想法是我们不能控制的。

那么卡伊可以有哪些符合实际的期望呢？如果他是个友好的人，他可以期望在新学校里交到朋友，可以期望花点儿时间来决定谁才是他喜欢和尊重的同学，可以期望别人也同样会花时间来决定对他有怎样的看法。有的同学也许想和他做朋友，甚至是最好的朋友。这些都是符合实际的期望。

第 2 章

如何拥有自我力量

康纳超级想学踢足球,他最喜欢做的事就是看电视上的足球比赛。他认为自己天赋异禀,而且一次又一次地幻想自己是一名足球运动员,还为此激动不已。

　　他的梦想就是成为一名足球运动员。

　　但等到要报名参加运动项目的时候,爸爸却有了别的主意。

　　"你猜怎么着!"爸爸说,"我今年要成为棒球队的教练啦!你一定得来我这儿,我们在一起会很开心的。"

　　康纳不知道该如何是好,是遵循自己的想法,还是按爸爸说的做?最终,他还是决定和爸爸在一起,于是他放弃了足球,加入了棒球队。

　　凯特想融入学校里最受欢迎的小团体,她很努力地试着让自己的喜好与别人的喜好保持一致。

　　她缠着妈妈给她买和别人一样的衣服,用零花钱买同样的东西,做和别人一模一样的发型,连口头禅也要和别人的一样……

> 和别人保持同步真的很难，所以有时候凯特希望她只需要做自己就行了。

也许你的身边就有像康纳和凯特这样的人，你可能会认为"他们得说出自己的心声"。你的想法是对的。

如果你努力去迎合他人，那你会难以了解自己，从而很难坚持自我。其实，你可以改变这种情况。你可以先这样做：明确你的感受、梦想以及需求。

准确描述自己的感受

你牙牙学语的时候，只知道几个词语和一些你认为能代表词语含义的发音，而你必须重复使用这些词语和发音来描述许多事物。

你可能会用"sh——sh——"来描述"水"，还有牛奶、果汁……总之就是一切你想喝的东西。当你对妈妈说"sh——sh——"时，她就不得不花点儿工夫去猜你到底想要什么。

等你长大一点儿，学会更多词语之后，你就能更精确地描述事物了。你想要喝牛奶时就说"牛奶"，想要喝果汁时就直接说"果汁"。也就在那时，你还学会了说"苹果汁"和"橙汁"。于是，你有了一个重大发现：知道的事物名称越多，你能要到的东西就越多，当然，你得到它的可能性也越大。

感受也同样有它们特定的称呼。你能描述的感受越多，你就越能理解自己的感受，并进而向他人讲述自己的感受。如此一来，你也会更清楚该如何为自己发声。

称呼就像是感受的遥控器。知道某一种感受的正确称呼能令你面对它、了解它，并对它做出选择。

用正确的称呼来描述感受会增强你的自我力量，而以错误的方式来描述它们则会减弱你的自我力量。

> 躺在床上的佐薇，用毯子蒙住了自己的头。今天简直就是她经历过的最糟糕的一天。闺蜜对她爱搭不理，老师批评她上课不专心听讲，暗恋的男生发现了她的心意，现在所有人都知道她暗恋的事了。最令她难过的是，放学后心情不佳的她昏昏沉沉地回了家，才发现自己竟然把互帮互助社团要开会的事忘了个精光，要知道她可是社团的社长！
>
> 佐薇的爸爸路过她的房间时，看见她躺在床上。"怎么了？"他问道，"你还好吗？"

> "不，我一点儿都不好，"佐薇在毯子底下长叹一口气，"我真的很沮丧。"
>
> "小傻瓜，"爸爸说道，"在10岁这个年纪是不会有什么事让你真的感到很沮丧的，你可能只是太累了。"

如果佐薇按照爸爸所说的去理解，她可能就会用错误的称呼来描述自己的感受。这意味着以后一旦她感到悲伤、沮丧，她就会告诉自己："我只是累了。"她会因此失去应对自己感受的能力。

> **杰尔姆**和姐姐杰达之间发生了点儿不愉快的事，他觉得妈妈好像总是优先考虑姐姐。杰达要去上体操课，杰尔姆就只能待在家里照顾他们的小弟弟；杰达要在学校公演中扮演主角，杰尔姆就得负责一整个月的家务；杰达每次考试都能拿到A的成绩，可杰尔姆的卷子上只有B或C。优秀的杰达总能得到所有人的关注！
>
> 妈妈感觉到杰尔姆正受某件事的困扰。
>
> "你最近怎么啦？"有一天她问杰尔姆。

"你要是真的想知道的话……我觉得有时候你只关心杰达,"他说,"我有些嫉妒她。"

"嫉妒你姐姐可不好,"妈妈说,"嫉妒是一种很坏的情绪。"

要是杰尔姆真的听了妈妈的话,他以后在感到嫉妒的时候很有可能会同时觉得惭愧不已。他会觉得嫉妒这种感受是不重要的,不值得一提,甚至会开始拒绝承认自己嫉妒别人,或索性把嫉妒这种感受藏在内心深处。

感受并无对错或好坏之分,它只是一种感受,仅此而已。当你了解并接受了这最基础的事实之后,你就可以开始表达你的感受了。要是感到沮丧,那你的感受就是沮丧;要是感到嫉妒,那你的感受就是嫉妒。没有人能改变你的感受,也没有人能比你更理解自己的感受。哪怕有时候我们会以错误的方式来称呼一种感受,归根究底,原因也只是我们无法分辨两种相似的感受,或者说我们一时间找不到合适的词来形容它们而已。因此,学会分辨不同的感受,并用正确的称呼来描述它们,对我们来说非常有用。

了解更多关于感受的词汇

现在的你有多擅长描述自己的感受呢?用恰当的词汇来描述感受时,这件事对你而言很容易还是相对较难?

你可以通过以下方式来了解更多关于感受的词汇:

- 倾听别人是如何描述感受的。
- 在描述自己的感受时向他人求助。
- 阅读关于感受的读物,就像现在你正在做的一样。

西尔万·汤普金斯博士是一名心理学家,他把一生中的绝大部分时间都花在研究人类的感受上。他认为人类的感受有9种基本类型,前7种类型同时包含低强度感受与高强度感受,而高强度感受往往更强烈。

以下是汤普金斯博士划分的9种类型的感受:

类型	感受	
	低强度感受	高强度感受
1	感兴趣	兴奋
2	享受	快乐
3	惊讶	惊吓

为自己发声

续表

类型	感受	
	低强度感受	高强度感受
4	恐惧	恐怖
5	悲伤	悲痛
6	愤怒	暴怒
7	羞耻	耻辱
8	刺鼻*	
9	恶心	

*别担心，我们稍后会解释这个奇怪的词。

感兴趣

当你对某个事物感兴趣时，它会吸引你所有的注意力，使你对它充满好奇，想要更多地了解有关它的一切。而当你对某个人感兴趣时也是一样的，你会因为他自身或他的行为、喜好、言语而着迷。

以下是一些可能会让你感兴趣的事物或人：

- 一款电子游戏。
- 一档电视节目或一个自媒体频道。
- 一本书。
- 一支乐队或一位音乐家。

- 一段无意间听见的对话。
- 在学校里学到的或自学到的新知识。
- 平板电脑上的一个应用软件。
- 某个被你当成榜样的人。
- 一个新朋友。

了解自己

写下至少3个让你感兴趣的事物或人。

更多描述感兴趣的词汇：好奇、着迷、狂热、热情、专注。
与其相反的词汇：无聊、不感兴趣、漠不关心。

兴奋

当你感到兴奋时，大脑很难再去想别的事。兴奋的感觉能攫取你全部的注意力，让你心跳加速，也可能让你的动作、思维都加速。

以下是一些可能会让你感到兴奋的事物或行为：

- 度假。
- 结交新朋友。
- 你的生日。

- 冒险。
- 收获新藏品。
- 一个关于新项目的点子。

了解自己

写下至少3个会让你兴奋的事物或行为。

更多描述兴奋的词汇：激动、振奋、满腔热情。

与其相反的词汇：无聊、困倦、冷漠、迟钝、废话连篇、不在意。

享受

当你正玩得开心时，你往往会面带微笑、心情愉悦、有极大的满足感，还能感受到自己沐浴在快乐和温暖之中。

以下是一些可能会让你很享受的时刻：

- 当你专心地和朋友玩耍时。
- 当爸爸妈妈给你读睡前故事哄你睡觉时。
- 当你抚摸自己的宠物时。
- 当你放松地做自己喜欢的事时。
- 当你观看最喜爱的视频时。

了解自己

写下至少3件能让你感到非常享受的事。

更多描述享受的词汇：愉悦、轻松、满足、高兴。

与其相反的词汇：不高兴、紧张、精疲力竭。

快乐

当你感到快乐时，全身都洋溢着幸福感，你会觉得世间的一切看起来都是那么的美好。

以下是一些可能会让你感到快乐的时刻：

- 生日当天，你收到的礼物都是你梦寐以求的。
- 在国际象棋比赛中，你勇夺冠军。
- 你搭乘飞机，准备去探望爷爷奶奶。
- 你喜欢的人终于意识到了你的存在。
- 你参加了一场比赛，并坚持到了最后一刻。

了解自己

写下一个你觉得快乐的时刻。

更多描述快乐的词汇：高兴、入迷、乐不可支、飘飘然、无忧无虑。

与其相反的词汇：不高兴、低落、沮丧、孤单、忧郁。

惊讶

当你因某事而感到惊讶时，也许你的第一反应是愣住，不知该如何是好。因为某些出乎你意料的事发生了，而你一时之间不知道该如何应对。也许你在几分钟内不会说话或做些什么，因为你需要时间来消化所发生的一切。

以下是一些可能会让你感到惊讶的事物：

- 收到了阔别已久的朋友寄来的信件或发来的邮件。
- 得知妈妈和你的老师曾是同学。
- 冬季飘落的第一场雪。
- 一份意料之外的礼物。
- 从你欣赏的人那儿获得了称赞。

无论是好事还是坏事，都可以让你感到惊讶。但不管是前者还是后者，最重要的都是：它是一件出乎意料的事。惊讶会让你短暂地呆滞。

了解自己

写下一个让你感到惊讶的时刻。

更多描述惊讶的词汇：吃惊、震惊、印象深刻、大吃一惊。
与其相反的词汇：无趣、麻木、冷漠、沉闷。

惊吓

当你因某事而受到惊吓时，比如身边突然发生了车祸，你的第一反应是出现一种类似休克的感受。

以下是一些可能会惊吓到你的事：

- 有人突然从树后面蹦出来吓唬你。
- 你在路边滑了一跤，踩进了一摊泥水里。
- 你正打算往椅子上一坐，突然发现椅子没有椅面，但已经太晚了！
- 一只狗突然在你身后狂吠。
- 电影或电视节目里出现了惊悚画面。

和惊讶一样，不管是好事还是坏事，都可能触发惊吓的感受。惊吓只是一种比惊讶更强烈且更令人紧张的感受。

了解自己

写下一个让你受到惊吓的时刻。

更多描述惊吓的词汇：震撼、震惊、惊讶、警惕。

与其相反的词汇：冷静、解决、安心、平和。

恐惧

当你感到恐惧时，你会害怕或焦虑，会觉得马上有不好的事发生或有人将威胁、伤害你。恐惧意味着你正身处危险之中，或你认为自己的安全受到了威胁。威胁也许的确存在，但也可能只是你臆想出来的。即便如此，光是想象那些令人不安的事也依然会让人觉得坐立不安。

以下是一些可能会让你感到恐惧的事：

- 一个人在家。
- 第一次去新学校上学。
- 想到明天的数学考试。
- 在同学面前演讲。
- 听见风暴即将来临的声音。
- 被同学霸凌。

了解自己

写下至少3件让你感到恐惧的事。

更多描述恐惧的词汇：恐慌、惊悚、焦虑、紧张不安。

与其相反的词汇：自信、勇敢、无畏、信任、满怀希望。

恐怖

当你感到恐怖时，你会感到极端的害怕。你也许会因此而全身麻痹、不能动，甚至无法控制自己的身体。

以下是一些可能会让你感到恐怖的事：

- 一场梦魇。
- 在陌生的地方迷路或走失。
- 被想要伤害你的人追赶。
- 坐在一辆即将撞毁的汽车上。
- 身处自然灾害（如台风、洪水、龙卷风或地震）之中。
- 目睹暴力现场，或被人以暴力要挟。
- 在新闻里看到令人恐慌的消息，比如发生了校园霸凌事件、恐怖袭击等。

了解自己

写下一个让你感到恐怖的时刻,说说发生了什么,你又是如何做的。

更多描述恐怖的词汇:惊恐、僵硬、惊慌失措。

与其相反的词汇:放松、鼓励、勇敢、冷静。

悲伤

当你感到悲伤时,你会发自内心地觉得伤心,想要哭泣。

以下是一些可能会让你感到悲伤的事:

- 听见父母在争吵。
- 你最好的朋友搬家了。
- 发现你爱的人生病了。
- 被不公平地惩罚。
- 你非常珍惜的某样物品遗失了或被弄坏了。

了解自己

写下一件让你感到悲伤的事。

更多描述悲伤的词汇:受伤、沮丧、难过、流泪、哭泣、抽噎。

第2章 如何拥有自我力量

与其相反的词汇：缓解、安慰、愉快、高兴。

悲痛

当你感到悲痛时，你会处于极度的悲伤之中。此时的悲伤更像是一种极端痛苦或悲惨的情感，它甚至可能转变为折磨或绝望的感受。这种感受十分剧烈且折磨人。

以下是一些可能会让你感到悲痛的时刻：

- 当你所爱的人或宠物去世时。
- 当你意识到你说的话或做的事深深地伤害了对你来说非常重要的人时。
- 当你刚刚失去了最好的朋友时。
- 当你得知父母将要离婚时。
- 当你了解到世界上还有人正处于饥荒、战争和流浪等水深火热的情况中时。

了解自己

写下一次让你感到悲痛的经历，说说发生了什么，你又是如何做的。你是否和别人谈论过这件事？考虑一下，然后把这件事告诉你信任的某个大人吧。

更多描述悲痛的词汇：折磨、拷打、悲伤、煎熬、心碎。
与其相反的词汇：安心、安全、抚慰、被保护。

愤怒

愤怒的感受来得又快又猛，在转瞬之间到来，又在一眨眼的工夫内消失。它也可以是长久以来逐渐堆积的，随后在很长的一段时间内持续爆发。你也许会对某个具体的事物或人感到愤怒，也可能会对所有人或所有事都感到不满。

有的人混淆了愤怒与充满自我力量的概念，因为愤怒是一种极为强烈的感受，这让不少人误认为自己愤怒时充满了力量。然而，愤怒只会让他人觉得与愤怒者相处起来十分困难。这并不是真正的自我力量，真正的自我力量是发自内心的。请记住，自我力量意味着从内心感到安全和自信。

以下是一些可能会让你感到愤怒的时刻：

- 你的兄弟姐妹没经过你允许就翻阅了你的日记。
- 老师认为你作弊了，可实际上是他错怪了你。
- 不能按照自己的意愿行事。
- 朋友没有遵守和你的约定。
- 你因为违反规定而被惩罚。

了解自己

写下一个让你感到愤怒的时刻,说说发生了什么,你又是如何做的。

更多描述愤怒的词汇:疯狂、苦涩、恼怒、愤愤不平、愤恨。

与其相反的词汇:爱、友好、和平、和蔼可亲。

暴怒

暴怒也是愤怒的一种,但比愤怒更强烈,是愤怒的终极形态。它也许就是潜伏在你心底的一座火山,等到时机恰当就会爆发。暴怒,就是无比愤怒,以至于你需要尽力去控制住自己的这种情绪。

以下是一些可能会让你感到暴怒的时刻:

- 有人嘲笑你、侮辱你、欺负你或拿你取乐。
- 有人拿了你的东西却不归还。
- 有人传播关于你的流言蜚语。
- 有人不平等地对待你。
- 父母随心所欲地改变规矩,而你对此却无能为力。

了解自己

写下一个让你感到暴怒的时刻,说说发生了什么,你又是如何做的。

更多描述暴怒的词汇:暴跳如雷、冲动、勃然大怒。

与其相反的词汇:冷静、安静、平缓。

羞耻

当你感到羞耻时,仿佛所有人都注视着你、对你评头论足,就像他们能一眼看穿你似的。羞耻这种感受会让你觉得自己一文不值,还会让你被迫把自己的缺点暴露在所有人面前。就好像自己的保护层在一瞬间被揭开,大家都目睹了你的渺小,尽管你拼命地想要躲藏起来,但聚光灯的灼热光芒却始终追赶着你。没有人会喜欢你,也没有人会尊重你,这就是你的感受。羞耻就像是你身上的一条隐秘的伤疤。

羞耻就是觉得所有人都不把你当回事,好像所有人都知道了你的秘密:你就是个没用的家伙。久而久之,就算在独处时,你也会这样来定义自己,并为此感到羞愧难当。没有一种感受能像羞耻这样如此令人困扰。

以下是一些可能会让你感到羞耻的时刻:

- 你向老师寻求帮助,老师却回答你"别来烦我,我现在很忙",导致大家哄堂大笑。
- 你的爸爸因为你在哭而骂了你,他说:"你就像个没长大的小屁孩!"
- 你要在同学面前发言,却大脑一片空白,手足无措。
- 你想接近一位陌生人,却张口结舌,你觉得自己蠢极了。
- 你和妈妈争论,她却朝你大喊大叫:"真丢人!你能不能懂点儿事!"
- 你摔了一跤,周围的人却都在嘲笑你。
- 你一时嘴快,把答应朋友要保守的秘密给说了出去,你发觉自己做了件不该做的事,并为此感到羞耻。

了解自己

写下一次让你感到羞耻的经历,说说发生了什么,你又是如何做的。你是否和别人谈论过这件事?考虑一下,然后把这件事告诉你信任的某个大人吧。

更多描述羞耻的词汇:曝光、气馁、不适、尴尬、害羞、罪恶感、局促不安、低人一等。

与其相反的词汇:自信、骄傲、幸福至极。

耻辱

当你感到耻辱时,你已经多次被狠狠地当众羞辱了。耻辱是最强烈的羞耻感。你会觉得被某件事或某个人彻底打败了,自己再也没办法出现在众人面前。

以下是一些可能会让你感到耻辱的场景:

- 你在开学典礼上发言时忘记了台词。
- 你信任的某个人把你的秘密告诉了其他人。
- 父母在朋友面前叱责你。
- 有同学在学校里欺负你,可其他同学却袖手旁观。
- 学校里的同学变着花样地用难听的外号来称呼你。
- 每天都有人在你乘公交车时欺负你。

了解自己

写下一次让你感到耻辱的经历,说说发生了什么,你又是如何做的。你是否和别人谈论过这件事?考虑一下,然后把这件事告诉你信任的某个大人吧。

更多描述耻辱的词汇:窘迫、丢脸、失败、孤立。

与其相反的词汇:自豪、兴高采烈、自信。

刺鼻

"刺鼻"是一个听起来很有趣的词汇,你可能从来没听说过可以用刺鼻来形容一种感受。别担心,你不是唯一一个没听说过的人,大多数人都没听说过。西尔万·汤普金斯博士想要创造一个与"作呕"相似的词汇,并用它来形容一种至今未被命名的感受,这就是"刺鼻"诞生的缘由。

刺鼻的感受并不罕见。散发着异味的物品或人突然靠近你时,你往往会下意识地想要远离这种气味的来源。刺鼻是我们对恶臭或一切异味的自然反应。

在感到刺鼻时,你首先会撇嘴,然后将整个面部往后仰,使鼻子远离难闻的气味。也许你还会皱起鼻子,大声叫嚷着"难闻!""好臭啊!""恶心!"之类的词。

请站在镜子前，尝试做出如下表情：撇嘴，头往后缩，皱着鼻子。然后注意一下当做出这个表情时你有什么感觉。

刺鼻的反应在脸上表现得淋漓尽致，以至于你身边的人好像都能感同身受。他们也许会想"是我的原因吗？"，如果你还做出了想推开他们的动作，那他们就会更加确定自己的想法。

以下是一些可能会让你感到刺鼻的场景：

- 你正沿着马路散步，却一脚踩上了一坨狗狗的大便。
- 你在冰箱里找吃的，却闻到了一股食物腐烂的气味。
- 你正靠近还是个宝宝的弟弟，却闻到了一股味道，你意识到该给他换尿布了。
- 你在看电影时目睹了电影中的一个角色径直摔进了垃圾堆里。

了解自己

写下一次让你感到刺鼻的经历，说说发生了什么，你又是如何做的。

更多描述刺鼻的词汇：憎恶、厌恶、令人恶心。
与其相反的词汇：吸引、接受、欢迎、愉悦。

恶心

当你对某个人（或某件事）犯恶心时，你会无法忍受身边的这个人或这件事。就像你在胃不舒服时会呕吐一样，他们也会让你反胃，让你忍不住想远离他们，有时你甚至可能对自己感到恶心。

以下是一些可能会让你感到恶心的时刻：
- 你发现一个朋友对你撒了谎。
- 你发现你的哥哥姐姐并不如你想的那么好。
- 你不想再和某个背叛了你的家伙来往。
- 你尝试补救犯下的错误，却为时已晚。

了解自己

写下一次被别人恶心到了的经历，说说发生了什么，你又是如何做的。然后再写下一次你对自己感到恶心的经历。

更多描述恶心的词汇：厌恶、排斥、讨厌。

与其相反的词汇：感情充沛、喜欢、印象深刻。

通过面部表情了解自己的感受

现在,你知道每一种感受都有它自己的称呼了吧?接下来,还有一点需要记住:每一种感受在人类面部的表现都是不一样的。我们在第44页讨论了感到刺鼻时的面部表情,其实所有的感受都会在我们的脸上表现出来。同样地,你也可以通过观察别人的面部表情来得知他们的感受。

感受有时候会表现得十分明显,有时候则会更多地以微表情的方式表现。也许你的眉毛会高高抬起,或挤在一起,也许眼角和额头上的皱纹会冒出来,又或许嘴角上扬或下弯。

以下是我们所讨论的主要感受的常见面部特征:

- 感兴趣与兴奋:眉毛向下,眼睛紧紧地追随着目标并密切关注目标。你在观察、倾听、追踪一切正在发生的事。

- 享受与快乐:微笑,嘴唇咧开。

- 惊讶与惊吓:眉毛上扬,双眼睁大且不停眨眼。

- 悲伤与悲痛:眉毛弯曲,嘴角下弯,哭泣,或抽泣。

- 恐惧与恐怖:双眼睁大,目光呆滞,眉毛上扬,皱眉,脸色不佳或苍白,冷汗涔涔,甚至身体发抖。

- 愤怒与暴怒:皱眉,下巴收紧,脸红或感到脸发烫。
- 羞耻与耻辱:眼睛往下看,目光游离,低着头,脸红。

- 刺鼻:撇嘴,头部向后仰,皱鼻,眉毛低垂。
- 恶心:头部往前伸,吐出舌头,下唇下弯并外翻。

尝试做这个动作:站在镜子前,在脑海里想象每一种感受。然后仔细观察并研究你的面部表情。

下一步,去观察别人的面部表情:观察在街上和你擦肩而过的人,或和你共处一室的人脸上的表情。(可别一直盯着人家看哦!)试着研究电视节目或影视作品里人物的表情,试着描述你在每张脸上看到的表情所对应的感受。

要格外注意观察笑容在别人脸上是如何表现的。有的笑容看起来十分真诚,这种笑容会使眼周肌肉收紧,在眼角形成细小的纹路或皱纹,而假笑则能掩盖人们真实的情绪。

通过学会描述感受并观察它们在面部的表现,你对每一种感受的理解将会更深入。你正在学习如何将感受和其称呼对应起来,如何将内心的感受与外在的表现相连接,以及有关自己与他人感受的知识。这将有助于你更好地了解自己。

了解复合感受

一直以来，你是否都把惊讶和惊吓混为一谈？或认为恐惧和恐怖是一回事？现在你知道了它们之间的区别，也知道了每种感受都有其对应的描述方法，更是认识了很多关于感受的词汇。

有时候，单纯靠语言的确很难来描述感受，因为你能同时拥有很多种感受，或你的感受转变极快，一种接着一种，快得好像它们融合在了一起。

- 也许你会先感受到惊吓，然后愤怒紧跟而来，就好像有人忽然从一旁蹦出来吓唬你，而你只想揍他一顿！
- 也许你会在自娱自乐时因突然被别人以无礼的言语对待而感到被羞辱了。举个例子，你在一箱玩具中突然找到了儿时的积木，你兴致勃勃地把它们拿了出来，像小时候那样把积木搭成了一座塔（多有趣的回忆），可你的姐姐突然闯进了你的房间，还说："哎哟，看看这个在玩积木的小屁孩，真可爱哦！"
- 也许你的感受还会从惊讶转变成快乐，就好像当你得知父母悄悄地为你准备了一个生日派对或给你买了一份你梦寐以求的礼物时那样。

- 也许你的感受还能从羞耻转变为暴怒。羞耻与暴怒往往紧密相连。暴怒是一种掩盖羞耻的方式，能避免羞耻的感受过于明显或过于让人感到不适。

就像红、黄、蓝三原色能通过混合形成各种各样的颜色一样，这9种感受也可以通过混合形成无数的感受。我们把这些混合后形成的感受称为复合感受。以下4种复合感受是你可能会体验到的。

鄙视

鄙视即轻视、瞧不起他人。你认为自己远比他人更优秀，你感觉他们能力不足，不配获得喜爱与尊重。

鄙视是愤怒（第39页）与刺鼻（第44页）的混合体。通常情况下，鄙视某人时的表情被称为"嘲笑"。想象一下你脸的上半部分是愤怒的表情，比如你正紧皱眉头，再想象一下你脸的下半部分是刺鼻的表情，即撇嘴。嘲笑的表情正是鄙视这一感受的体现。

有时候，鄙视被视作一种自保方式，一种面对诸如羞耻之类的令你不适或难受的感受时能保护自身的机制。对孩子而言，感到被抛弃或无法融入集体时，鄙视则表现为自己不在乎、不在意。

以下是一些可能会让你采取鄙视态度的时刻：

• 你的同学看起来没有你进步大，或者说没有你聪明，你觉得自己比他们更厉害。

• 你总是独来独往，不知道怎样才能交到朋友，所以你索性不在乎这些。你觉得自己也不需要朋友，毕竟你比他们优秀得多。

• 你的同学不同意你加入他们的社团，因此你认为这个社团蠢透了，配不上你，不值得你加入。

• 你对尝试某个新事物感到恐惧，却不想表现出来，便装作一副满不在乎的样子。

• 你想反击骂了你的某个人，于是就用侮辱性的外号来称呼他。

了解自己

写下一次你鄙视他人的经历，说说发生了什么，你又是如何做的。

更多描述鄙视的词汇：轻蔑、傲慢、自负、无礼、自命不凡、得意、目中无人、嘲讽。

与其相反的词汇：谦逊、尊重、认可、宽容、赞扬。

嫉妒

你可能曾经有过羡慕或嫉妒别人的感受，虽然这些感受相似，但是不能把它们混为一谈。你可以羡慕别人在篮球、歌唱或数学方面的成就，因为你也想拥有一样的成就，或你想要获得别人拥有的东西，这叫作羡慕。羡慕是因为别人拥有或得到了你想要的事物。

但嫉妒则是因为你被排斥，或你认为自己被排斥而感到内心煎熬。嫉妒的感受至少涉及三方，而你是其中一方。当你感到嫉妒时，你就是在渴求来自别人的关爱或关注。如果你所渴求的对象将这份关爱或关注给了另一个人，而你又是如此地想获得这份关注，那么你就会把顶替你接受这份关注的人视为对手。你可能会觉得自己毫无价值，甚至觉得自卑，认为好像是自己出了什么问题，而同时你还可能会感到生气与怨恨。

嫉妒是羞耻（第41页）和愤怒（第39页）的混合体。所有人都会时不时地产生嫉妒的感受，这是一种再正常不过的感受，它和其他感受一样，通常只会存在那么一小会儿。如果存在的时间过长，那么它就会像滚雪球那样，随着时间的推移而越滚越大，甚至会影响终生。

以下是一些可能会让你感到嫉妒的时刻：

- 你不再是大家关注的焦点，因为新来的成员取代了你的地位。
- 你的兄弟不仅举办了生日派对，还收到了许多礼物，而你觉得自己被忽视了。
- 你最好的朋友在有了新朋友后，和你相处的时间明显不如以前多了。
- 父母花在你兄弟姐妹身上的时间比花在你身上的时间要多得多。
- 你的同学不允许你加入他们的社团或小团体，你觉得自己被大家孤立了。

了解自己

写下一个让你感到嫉妒的时刻，说说发生了什么，你又是如何做的。

更多描述嫉妒的词汇：怀疑、怨恨、占有欲、苦涩。

与其相反的词汇：心胸宽广、宽容、认可、慷慨。

孤独

感到孤独就是觉得自己像个局外人。你想和别人亲近,想融入一个团体,但你感到被排斥、被忽视,还不受欢迎。似乎没有人能理解你,没有人想和你在一起,没有人愿意关心你。

孤独是羞耻(第41页)和悲伤(第37页)的混合体。所有人都需要归属感,需要有人陪伴,而当我们缺少归属感、没有人陪伴且自身的需求得不到满足时,我们会觉得自己不够好,这通常会让我们非常难过。

以下是一些可能会让你感到孤独的时刻:

- 看上去没有人想和你做朋友。
- 好像没有人喜欢你。
- 你是新来的转校生,在新学校里很难交到新朋友。
- 你刚搬家,来到了新的社区或城市,而在新的环境里你一个熟人也没有。
- 家里人都忙着做自己的事,没有时间陪你。

了解自己

写下一个让你感到孤独的时刻,说说发生了什么,你又是如何做的。

更多描述孤独的词汇：孤立、孤单、没有朋友、隔离。

与其相反的词汇：相连、归属、亲密、拥抱。

郁闷

当你情绪高昂时，你会觉得快乐和兴奋，满脸笑容，走路时蹦蹦跳跳的，连脚步也显得格外轻盈。但当你情绪低落、郁闷时，你会垂着头，垮着肩膀，难受得想哭。沮丧的你觉得内心空荡荡的，觉得自己是个一文不值的人，甚至还会认为自己是个失败者，只想把头埋进枕头里哭一场。

和孤独一样，郁闷是羞耻（第41页）和悲伤（第37页）的混合体，但郁闷和孤独这两种感受之间仍存在着差异。它们有重叠的部分，但并不是同一种感受。郁闷的时间有长有短。你会因为一件大事而郁闷，也会因为许多很小的事而郁闷，甚至还可能会因为一些无法形容的事而无缘无故地郁闷。同时，你也会单纯地因为孤独而郁闷。

有时候，人们会用"抑郁"来形容郁闷的感受，但抑郁并不意味着郁闷，它所代表的感受程度要比郁闷更深。如果你郁闷的感受持续了两周或更长时间的话，那你可能是抑郁了。与你信任的大人，如父母、老师或辅导员好好地谈一谈，向那些愿意倾听的人寻求帮助，这样你会感觉好一些。

以下是一些可能会让你感到郁闷的时刻：

- 你某一科目的成绩始终不见起色。
- 你一直被同学捉弄或开玩笑。
- 家里无论发生什么事，最终都会怪罪到你头上。
- 学校里的一位老师拿你取乐或嘲笑你。
- 某个人在学校里或在网上霸凌你。
- 你想亲近的人对你却没有一点儿兴趣。

了解自己

写下一个让你感到郁闷的时刻，说说发生了什么，你又是如何做的。

更多描述郁闷的词汇：垂头丧气、气馁、沮丧、受伤。
与其相反的词汇：兴高采烈、无敌、高兴、愉快。

大声说出自己的感受

谈谈自己的感受应成为日常生活中的一部分，然而不幸的是，很多人都没能养成这个习惯。也许你身边就存在着这样的大人：他们对于谈论自己的感受有抵触心理，在听别人倾诉时，也会感到不适应。

尝试找一个能倾听你谈论感受的人，从家庭成员开始，你的兄弟姐妹是不错的人选，或者你也可以尝试向老师、辅导员等倾诉。你将会找到和你有共同语言的人，愿意倾听并理解你的人，以及让你有安全感的人。

请记住，感受本身并无对错、好坏之分，它们就只是感受而已！你有各种感受都是正常的，因为它们是属于你的感受。没有人能在不经允许的情况下剥夺你的感受，也没有人能强迫你改变你的感受。所以，别让他人左右你！

大声地把自己的感受说出来，它们属于你。

确立梦想并不断更新

梦想就是你的个人目标——你行事的动机，它给予你生命的方向、生活的目的和意义，引导你做出决定，帮助你确定你是哪一种人，又想成为什么样的人。

梦想从何而来？答案是来自白日梦！无论何时，只要你发现自己在做白日梦，内容或是关于假期，或是成为一名田径运动员、嘻哈舞者、宇航员……那你都是在积极地塑造自己的梦想。它们虽然源自白日梦，却随时可以演变成梦想，最终成为

目标,指引着你前行。

如果你没有梦想,那会如何呢?那就意味着你无法为生命的方向、生活的目的和意义制定个人目标,两手空空的你既无法做出决定,也无法确定自己是哪一类人及想成为什么样的人。这时的你就像车失去了方向盘,船失去了舵一样,辨不清生命和生活的方向。梦想至关重要!

梦想又分为两种:近期梦想与长期梦想。两者缺一不可。以下是一些关于近期梦想的例子:

- 在学校与自己崇拜的同学做朋友。
- 每天至少称赞一个人。
- 变得健康且有活力。
- 尽可能多地学习与摄影有关的知识。
- 少看电子产品,多看书。
- 帮助邻居或社区里的其他人。

了解自己

写下你的近期梦想。你本周的个人目标是什么？下周呢？下个月呢？或者明年呢？列一个清单出来，然后想想怎样才能达到这些个人目标。你要如何实现它们呢？

以下是一些关于长期梦想的例子：

- 成为一名职业网球运动员。
- 成为一名歌手。
- 成为一名科学家。
- 有自己的孩子。
- 找到一份与动物有关的工作。
- 让世界变得更美好。

了解自己

写下你的长期梦想。你在学习上的个人目标是什么？你将来想要从事什么行业或工作？你想要获得什么成就？是什么给了你生命的意义？也许想象将来的事有些困难，但你至少要尝试一下，列一个清单，然后好好想想为了达到这些个人目标你会采取怎样的方式。你要如何实现它们呢？

现在,来看看你写下的近期梦想与长期梦想之间是否存在关联。你的某些近期梦想是否最终变成了你的长期梦想?举个例子,也许你期待着从事与动物有关的工作,你把它当成了你的近期梦想,并通过照顾小兔子来学习相关的知识。日复一日,年复一年。你阅读了关于兔子的书籍,了解了它们的需求和习性。也许你的妈妈会给你买一只兔子,让你悉心照料它。接着,你会在脑海里描绘自己未来的生活,想象自己成了一名兽医——这就成了你的长期梦想。

如果你愿意的话,和值得信任的大人谈谈你的梦想吧,听听他们的意见,看看他们能否帮你完成目标。

你也许还会想:梦想究竟来自哪里呢?它们当然不是你生来就有的,你也不能在商店或网上买到它们。其实塑造梦想的契机非常多,以下是一些契机的来源:

- 你的家人。
- 你的老师。
- 你崇拜或敬佩的人,也就是你的榜样。

- 你的朋友。
- 你的同龄人，也就是那些和你岁数一样大的孩子。
- 你正在听的音乐。
- 你在图书、杂志、报纸、网络上浏览到的信息。
- 电视节目和电影。
- 你的个人价值观，也就是你所信仰的，以及被你当作人生准则的观点。
- 你的想象力，也就是你梦到的和你在白日梦里想到的一切。

关于梦想，还有一些需要注意：有的梦想可能会维持数年，甚至终生不变，有的梦想则会随着你的成长而改变。养成随时更新近期梦想与长期梦想清单的习惯，更新的频率依照你的喜好来，可以是每月一次，也可以是一年一次，要让这个清单紧紧跟随你实现梦想的进程。随着时间的推移，你将会拥有一张人生地图，上面写着你到达了哪里，以及你接下来要到达的地方。明确自己的梦想能增强你的自我力量。

说出自己的需求

"需要"是我们常常会用到的一个词语。我们需要看一部新上映的电影，需要买一个新发行的游戏机，或者需要剪一个新发型。我们也许还会说：需要给我们的笔记本电脑或平板电脑配更快的网络，需要一双人人都买了的新款鞋子。

但这些都不是真正的需求，它们只是愿望。需求和愿望之间并不能画等号。

对于所有人类而言，共有7种基本需求层次，以下是这7种层次的相关信息：

1. 对人际交往的需求。
2. 对触碰与拥抱的需求。
3. 对群体归属感的需求。
4. 希望自己与众不同的需求。
5. 对扶持（关心和帮助）他人的需求。
6. 对价值感和称赞的需求。
7. 在人际关系和生活中对权力的需求。

和感受一样，需求本身并无对错、好坏之分，它们就只是需求而已。你对自己的需求了解得越多，你就越能理解它们，继而向他人描述它们，如此一来，你也会更敢于为自己发声。

对人际交往的需求

从出生开始，我们就需要与别人交往，不管是家人还是朋友。我们需要来自旁人的关怀，需要被认可，需要觉得自己对于他们而言是非常重要的存在，需要确认自己是被真正需要着的。因此，在所有对我们而言非常重要的关系中，我们希望自己是独一无二的。

而当你长大后，也许有人会告诉你："不要过于依赖他人，你得靠自己站稳脚跟。"有的人坚信独立是最重要的品质，依赖他人反而是弱者的表现。但现实告诉我们，与他人建立交往关系也是需要实力的。有时候，做孩子、兄弟姐妹或别人的朋友是件不容易的事。随着年岁增长，有时候你还会发现做妻子、丈夫、伴侣、父母也不见得轻松。

如果你需要他人且需要和他们建立有意义的重要关系，这并不意味着你软弱，相反，这说明你很强大。需要他人和关怀他人正是力量的源泉。

了解自己

写下对你而言最重要的人际关系。你最关心的人是谁？谁又是最关心你的人？让这些人中的一位花点儿时间和你在一起（当你做这件事时，你正在要求对方满足你的需求）。接下来再写写你们在一起做了些什么，你的感受如何。

对触碰与拥抱的需求

婴儿、儿童、青少年、中年人、老年人……所有人在一生中都需要触碰与拥抱，对触碰和拥抱的需求是普遍且持续终生的。

触碰与拥抱是我们向他人展示爱意的途径。当妈妈在你上学前和你拥抱送别时，她想表达的是"我很爱你"。

触碰与拥抱也同样是我们安慰别人的方式。当从自行车上摔下来后，你会跑向你的爸爸，投入他的怀抱，此时爸爸在用身体安慰你。通过触碰，他传达了这么一个消息——"我就在

这儿，我会保护你，让你不那么难受。"我们当中的许多人在悲伤和痛苦时，同样需要通过触碰和拥抱来获得安慰。触碰和拥抱能让我们再度感到安全和安心。

科学家们认为婴幼儿需要触碰和拥抱，缺乏足够的触碰和拥抱对婴幼儿的健康成长无益，会导致婴幼儿生理及心理上的缺陷。即便年岁增长，我们对触碰和拥抱的需求也不会消失。

了解自己

向信任的人要一个拥抱，然后记录下拥抱后发生的事以及你的感受。

不幸的是，人们有时会混淆触碰、拥抱和性这三个概念。于是，当你长大之后，你会接收到关于触碰和拥抱的各种各样的混杂信息，互相触碰和拥抱的朋友经常会被取笑；父母可能会突然发觉自己的孩子已经长大了，不能再像小时候那样抱他们了。但这只是别人怎么想的问题，而不是你的问题。因此，在现在和你以后的人生中，需要触碰和拥抱并不是一件难以启齿的事。

> **请注意**
>
> 你不能让任何人用你觉得不对的方式触碰你。触碰这一行为分善意的触碰和恶意的触碰。你的父母和老师可能已经告诉过你两者的区别了，如果你还不清楚，那么以下是一些你需要知道和谨记的基本提示：如果有人（无论是谁）试图用让你觉得不被尊重、奇怪、不舒服或害怕的方式来触碰你，相信你的感觉，对他们说不。然后尽快地远离他们，并把这件事告诉你信任的大人。

对群体归属感的需求

> 卢卡斯想成为像他叔叔一样的人，罗莎想成为像她妈妈一样的人，迪兰崇拜他的哥哥，克洛艾则希望可以和她的老师一样聪明，还有伊恩，他不停地在说一名棒球运动员的事儿，因为那是他的偶像。

我们从很小的时候就会对尊敬和钦佩的某些人产生依恋，他们是我们想要成为的人，也是我们打心底认同的人。我们会沿着他们的人生轨迹前行，模仿他们的穿着、行为举止，甚至他们说的话。这样做能让我们感受到自己和他们之间存在深刻的联系，就好像我们实际上是他们当中的一分子。我们觉得自己与他们融为一体，并因此有了归属感。

另一种满足我们对群体归属感的需求的方式，是加入某个具体的团体。运动队、电脑社团等都可能是我们想要加入并且融入的团体。

了解自己

写下你尊敬和钦佩的人。谁是你最想成为的人？为什么？再写写你已经加入的或想要加入的组织或团体。说说你最喜欢这些组织或团体的哪些方面，或者说说它们最吸引你的地方是什么。

希望自己与众不同的需求

就像我们需要被别人认同，希望和他人亲近一样，我们同样需要变得与众不同，即成为一个独立的个体。我们需要独立，需要和他人（就算是我们最爱的人）保持距离。我们当中的每个人都应该这么想："我是全世界独一无二的。"

我们要学会对自己心中最重要的人说："我不是你，我和你不一样。"对从他们身上学来的某些事，我们甚至还要学会说"不"。我们要知道如何定义自己，也就是说我们要知道如何发现真实的自我，要知道作为独立的、与众不同的个体应该相信什么……这样，我们就会变得独一无二。

希望自己变得与众不同的需求，也许听起来与对群体归属感的需求相矛盾，而事实也的确如此，你的一生都会在这两种需求之间徘徊。有时候你想要模仿自己所崇拜或钦佩的那个人去行事，而有时候你个人的才能、兴趣和能力将会推动你变成那个与众不同的自己。

了解自己

写下你和家人、朋友都不一样的3个特点，并为你的这些与众不同的地方感到骄傲。

对扶持（关心和帮助）他人的需求

艾莎在爸爸午睡时悄悄溜了出去，然后她开始洗车。

她兴奋极了。爸爸不知道她正在洗车，这将会是个多么大的惊喜啊！她忍不住开始想象爸爸起床后会发生什么：走出门的他会看见一辆被洗得闪闪发亮的车。

艾莎知道这么做会让爸爸开心，因此她在洗车时觉得十分充足、快乐。

戴维目不转睛地盯着教室墙上的钟表。学校举办的滑冰节还有4小时就开始了！学生、家长、老师，包括校长，所有人都会参加。

> "我会到场的,"他的老师说,"但我不怎么会滑冰,我希望到时候可别有人笑话我!"她微笑着,并不介意让同学们知道自己不会滑冰这件事。
>
> 当天晚上,戴维在滑冰场里看见了他的老师。她正扶着栏杆,慢慢地滑着。
>
> 戴维穿着滑冰鞋滑向她。"老师,"他说,"你可以抓着我的胳膊,我带着你滑一圈。"
>
> "哇,谢谢你,戴维!"老师说,"你可真体贴。"
>
> 戴维咧开嘴笑了,他的内心充盈着快乐。

我们都需要扶持他人,需要帮助他人,让他人知道我们关心他们。

扶持他人能让受到扶持的人心情愉快。还有很重要的一点,扶持他人也能让我们感到内心充足。扶持(关心和帮助)他人能满足我们所有人的一种基本需求。

有时候,你试图帮助或安抚的对象并不会对你的行为感到高兴或感激,他们也许会不适应、尴尬或烦躁。这说明并不是所有人都会接受扶持。然而,这并不意味着你做错了什么,你只是没有遇到对你的帮助持开放态度的对象。

了解自己

写下你帮助他人的3次经历,说说当时你的感受和他人的反应都是怎样的。

对价值感和称赞的需求

你是否曾经要求过父母、兄弟姐妹或祖父母来看你所做的事?比如弹奏乐器、跳舞或打篮球?你还记得当时他们的眼神吗?

我们都需要感受自身的价值,需要真正地认识自己,需要得到公开的赞扬。

起初，我们希望别人夸奖我们，随着时间的推移，我们就能把这些赞扬牢牢地记在心里，用来鼓励和称赞自己。想象一下，有一个刚开始学习走路的小女孩，她一开始还需要父母的帮助才能站起来，父母用手牵着她，在她摔跤的时候扶她起来，但要不了多久，她就能学会独立行走。

当我们关心的人说"你这门语言学得不错，我真为你骄傲"时，我们会牢牢记住这些话，也会牢牢记住听到这些话时内心的感受。就算以后再没有人提起，我们也会时刻记住"我语言学得不错"这件事。当我们尊敬的人说"你对妹妹说话的方式真令我感到骄傲"时，我们会想"我是个温柔的人"。当别人指出我们的才干和能力时，我们会感到更安心，也会开始认识到自己是有价值的、值得他人尊敬的。

被他人称赞能帮助我们学会欣赏自己。

了解自己

写下至少3种你的才华和能力，然后写出至少3个让你觉得自己有价值和值得被称赞的时刻。

在人际关系和生活中对权力的需求

我们在前文中已经提到了自我力量,即发自内心地感到安全和自信,除此之外,我们还需要另外一种力量。

我们需要感到自己在人际关系中具备一定的权力——实权。这并不意味着要拥有凌驾于他人之上的权力,而是指在一段关系中我们能和他人共享权力,或者我们至少拥有一部分权力。我们要感到自己在某种程度上可以掌控自己的生活,同时也要理解自身权力的限度。

虽然与大人相比,孩子拥有的权力比较少,但孩子依然拥有一定的权力。举个例子,你的父母有权让你上学,但是你也有权决定是否认真学习。无论何时,你都有对一些事情做出选择的权力,诸如什么时候吃饭,吃饭时吃些什么,穿什么样的衣服,什么时候上床睡觉,或要不要上音乐课。对于这些事情,你都能行使自己的权力。有很多事情你无权决定,而有些事情你能自己决定。

了解自己

写下3件你在家里能掌控的事,再写下3件你在家里无法掌控的事。从无法掌控的事中选一件告诉父母,和他们一起讨论,然后讨论出你能对这件事做出的2个选择。现在就行动吧!

稍后，我们会告诉你如何在人际关系和生活中获得并使用权力，但首先你得知道更多关于感受、梦想和需求的事：如何声明自己的感受、梦想和需求？

关注自己的感受、梦想和需求

马里奥有一只冬用手套不见了，他觉得可能是课间在操场上玩的时候给弄丢了。他知道学校办公室里设有失物箱，于是放学后马里奥跑去学校办公室，请求老师让他在失物箱里找找手套。

"我在找我的手套，"他告诉老师，"是蓝底红条纹的。"

它就在那儿！就放在箱子的上面。"我找到了！"他叫起来，"这就是我丢了的手套。"

马里奥没有说"我在找露指手套"或"我在找一条围巾"，而是准确地描述了他的手套，然后便在失物箱上找到了手套。他没有说"这是我的手套，可它怎么会在这儿呢"或"这就是我的手套，它可真丑啊"，也没有怀疑或评价这只手套，只是简单地接受了找到它这个事实，因为手套是他的东西。

这就是关注自己的感受、梦想和需求的方式。不要怀疑或评价它们,只需要体验它们、准确地描述它们,然后接受它们。因为它们属于你。

为什么你需要关注自己的感受、梦想和需求呢?因为光靠描述它们,并不足以让你意识到它们本就属于你的事实。如果马里奥说了"这是我的手套",但仍然把它留在失物箱里不领走的话,结果会怎样呢?他也许知道在哪里能找到他的手套,但他不会再有使用它的机会了。

了解你全部的感受、追随你的梦想并遵从你的需求是至关重要的,别总是关注那些看起来简单和安全的事物,也别总是按别人说的去做。

- 也许你并不喜欢羞耻的感觉,希望可以把这种感觉永远丢进失物箱里。

- 也许你的梦想之一正往令你愈加痛苦的方向发展。比如你真的很想学会吹小号,但学吹小号的过程往往包含着大量耗时又耗力的练习。

- 又或者你正在为自己需要触碰和拥抱而烦恼,你觉得爸爸拥抱自己时有点儿尴尬,尤其还是当着朋友们的面,然而你又很喜欢他拥抱你时的感觉,如果他不那么做了,你还会有些想念。天哪,好困惑啊!

你也许会想要丢掉某些感受、梦想和需求，或者把它们深深地藏在心底。这并不是一个好做法，因为它们可不会就这么离开你或者藏起来，它们迟早会成为隐患。

许多大人的身上都有着大大小小的问题，医生和心理学家认为产生该现象的原因之一就在于这些大人在孩童时期否认乃至隐藏了某些重要的感受、梦想和需求。当我们这么做时，我们就无法确认我们到底是谁，从而丢失了自我。

尽量每天和自己说说话

有一个很简单的方法能帮助你关注自己的感受、梦想和需求，我们将这种方法称为"尽量每天和自己说说话"。下面就是具体的操作方法：

1. 问问自己："今天感觉如何？"然后描述你正在经历的一种感觉，并和自己说说它。你可以像下面的例子一样进行对话：

问："今天感觉如何？"

答："我今天觉得很沮丧。"

问："为什么我觉得沮丧？发生了什么？"

答："因为昨晚和爸爸吵架了，所以才觉得沮丧。"

问："那我能为这种沮丧的感觉做些什么呢？"

答:"我可以和爸爸谈一下昨晚吵架的事儿。"

有时候,你无法改变自己的感觉,但你仍然可以和自己说说它,这总比视而不见或把它掩埋起来要好。

2. 问问自己:"我的梦想是什么?"然后描述你的一个近期梦想或长期梦想,并和自己说说它。你可以像下面的例子一样进行对话:

问:"我的梦想是什么?"

答:"我希望有一天能和动物一起工作。"

问:"那为了梦想成真,我应该学些什么呢?"

答:"我可以先开始阅读从事动物相关行业的人写的书。"

问:"我还能做些什么呢?"

答:"我可以和兽医或动物训练师们聊聊。"

有时候,你的梦想可能看起来不切实际,好像梦想成真对你而言是件遥不可及的事,但你仍然可以和自己说说它,这总比视而不见或把它掩埋起来要好。

3. 问问自己:"我现在需要些什么?"尝试描述你的需求,然后和自己说说它。你可以像下面的例子一样进行对话:

问:"我现在需要些什么?"

答:"我需要在学校里交朋友,我有时候觉得很孤单,好像被孤立了一样。"

问:"那我怎样才能交到朋友呢?"

答:"我可以在课间休息时问问有没有人想和我一起玩游戏。"

问:"如果没有人搭理你呢?"

答:"我可以去找正在玩游戏的人,问问他们可不可以让我加入。"

有时候,你不知道自己需要什么,但你仍然可以和自己说说这件事,这总比视而不见或把它掩埋起来要好。

和自己说说话的小技巧

- 尽量养成每天都和自己说一会儿话的习惯。
- 如果你有一个私密空间,那就在这个空间里大声地和自己说说话;如果没有,你可以在笔记本上或电脑里写下你的问题与答案,哪怕你只是在脑子里想想也好。

无法应对过于强烈的感受时,选择暂时逃离

有时候,你的感受,特别是那些负面感受过于强烈,以至于你再也无法控制它们,比如当我们悲伤、痛苦、感到被羞

辱或被激怒时，这些感受可能会强烈到可以左右我们。

这时，我们也许需要暂时逃离这些感受，直到我们有足够的准备去面对它们。以下列出了4种可以让你从这些感受中暂时逃离的方式：

找点儿好玩的事情做

看一遍你最爱的漫画书，看看搞笑的电视节目或视频，让某个人给你讲个笑话或逗你玩儿。

你甚至可能会从正在困扰你的事物上发现有趣的地方。我们恰好认识一位经历过类似事件的青少年，他以前总是毛手毛脚的，动不动就摔坏东西。他对自己的笨拙感到十分生气和羞愧，成天担忧自己会不会又摔坏些什么。有一天，他找到了自嘲的好方法。现在，当他摔坏东西时，他会说："哇哦！地心引力又增强了！"

转移你的注意力

去游泳或骑自行车吧，打会儿篮球、滑会儿冰也行，还可以去散个步，把注意力都集中在身边的风景和声音上。你甚至可以花点儿时间和你的宠物在一起。确保自己能自言自语一会儿，说说你看到的、听到的、闻到的和摸到的所有东西。以上行为能帮你转移注意力,让你不再去想那些过于强烈的感受。

放松

将注意力从强烈感受上移走的另一种方法是放松。放松的方式有很多,你可以尝试以下方式:

1. 找一个你能单独待一会儿的安静的地方,舒舒服服地坐下,闭上你的双眼。

2. 想象你手中正拿着一个巨大的泡泡棒和一瓶肥皂水。你把泡泡棒伸进肥皂水里头搅了搅,然后拿出来,对着它吹出了许多巨大的、泛着如彩虹般绚丽光芒的泡泡。

3. 在每一个泡泡里放进去一件令你烦恼的事,看着你的烦恼飞起来,越来越高、越来越小,直至消失不见。

4. 在5~10分钟之内不停地重复以上步骤,直到你觉得放松为止。

做白日梦

做白日梦就像是翻拍一部你最爱的电影,只不过里面的主角是由你来扮演的。而且只要你想重温,你就能无数次地观看!在你需要"暂时逃离"时,你可能已经有了自己独特的白日梦版本,这里还有以下两种方式供你尝试:

"如果我能拥有一切我想要的"

有时候,我们有强烈感受的原因在于我们拒绝接受另一种感受、梦想或需求,或者索性把它们闷在心里,视而不见。以下是两个相关例子:

1. "如果我能拥有一切我想要的……爸爸也许会更关心我。"也许你正在嫉妒你的兄弟姐妹,又或者你只是想感到被需要且觉得自己独一无二。那你能做些什么来满足自己的需求呢?

2. "如果我能拥有一切我想要的……妈妈也许会像以前那样抱抱我。"也许你正处于难受或沮丧之中,需要拥抱或抚摸,也就是说你对触碰和拥抱有需求。那你能做些什么来满足自己的需求呢?

如果你没办法弄明白你做的白日梦的含义,那么就和你信任的大人说说吧,也许这个大人能帮助你理解你做的白日梦。

面对你的"怪兽"

有时候,逃离某件事的最佳方式还是面对它!接下来说的另一种关于做白日梦的方法,能帮你勇敢面对"强烈感受"这个"怪兽"。

1. 好好分析你的感受。它可能是害怕、生气,可能是羞耻、嫉妒,还可能是孤独或痛苦。

2. 想象一下你的感受"看起来"像什么。

- "害怕"看起来像一只小老鼠,一只瑟瑟发抖的小老鼠,它的胡须在一颤一颤地抖动着。
- "生气"看起来像由火构成的某种生物,烟雾正从它的耳朵和鼻子往外喷涌。
- "痛苦"看起来像一头神情忧郁的大象,它的耳朵、尾巴和鼻子全都无精打采地耷拉着。

3. 现在,想象着给你的感受送一份礼物。

如果你的"害怕"看起来像一只小老鼠,你可以给它带一小块奶酪;如果你的"生气"看起来像一个全身是火的生物,你可以给它带一个蛋筒冰淇淋;如果你的"痛苦"看起来像一头神情忧郁的大象,你可以给它送点儿花生。

尝试用其他方法应对强烈感受

"暂时逃离"这一方法适用于那些感受过于强烈,已经超出掌控的情况。在面对强烈感受时,你很难立刻思考,也很难知道该怎么做。你需要暂时离开,等到足够冷静、可以思考时再尝试解决问题,并为避免下次再遇到同样的感受做好预防措施。

但逃离并非屡试不爽的方法。有时候，即使你选择再次面对，感受却还是一样强烈，或者虽不如一开始那般强烈，但依旧足以影响你。甚至有时候因为时间或时机，连逃离也不是一条行得通的路，你不得不在感受变得更强烈或你会因此冲动而犯下大错前立刻处理好你的感受。下面针对不同的感受给出一些值得你思考和尝试的方法。

害怕

1. 尝试指明让你害怕的事物。它是一阵奇怪的响声，一个充满威胁的人，一场风暴，还是一个鬼魂或怪兽？你在害怕某个人会不喜欢你吗？害怕人们会取笑你吗？请尽可能详细地描述。

2. 判断你害怕的事物是符合实际的，还是你妄想的。符合实际的害怕是指那些真正有可能发生的事，反之，则是指那些根本不可能发生的事。

3. 如果你害怕的事物是符合实际的，那你就去想想该怎么面对它、改变它，或让它变得不那么吓人。你要怎么保护自己？谁能帮助你？尝试把这一切都写下来。

4. 如果你害怕的事物是不符合实际的，尝试弄清楚你为什么会害怕。如果你不再杞人忧天，那么生活会发生什么变化？

5. 如果你没办法独自处理害怕的事物，那就寻求帮助。和你信任的大人聊一聊吧。

痛苦

1. 尝试指明让你痛苦的事物。你因为什么痛苦？尽可能详细地说出来。

2. 和某个人聊聊让你痛苦的事物，这个人可以是父母、兄弟姐妹、一位愿意听你倾诉的好朋友。

3. 写下让你痛苦或者难过的事，描述你的感受，说说你为什么会有这种感受。一直写，直到你觉得自己可以停下了为止。写作也许能帮助你抚平某些乃至所有的痛苦。

4. 找些能给自己打气的事来做，比如和朋友见个面、看部喜欢的电影、出去溜达溜达、和自己的猫咪玩一下、听听音乐。

5. 如果你没办法靠自己舒缓痛苦，那就向你信任的大人求助吧。

生气

1. 尝试指明你生气的原因。是某个人侮辱了你，还是嘲笑了你、恶劣地对待了你、拿你泄愤了？（这是不对的，但有时候这种情况还是会发生。）尽可能具体地说说你生气的原因。如果你生气的感受来源于一次事故或一个误会,那就问自己几个问题来找出源头,也许你根本就没有理由生气。

2. 如果你的确有理由生气,尝试用以下方法中的一种或几种来调节你的情绪吧。

- 如果你觉得自己临近爆发点了,那就远离让你生气的人或地点。如果你无法离开的话,比如老师或父母不允许你离开,那就深呼吸5次,然后再来5次,或者慢慢地从1数到10。如果不起效,那就再来一次。无论如何,都要把自己从濒临爆发的状态中解救出来,你甚至可以开口要求一些独处的时间。

- 三思而后行,你要说的或要做的是会让事态好转,还是会让事态恶化呢?如果可能导致事态恶化,那就说点儿或做点儿别的事。记住:你对你自己的行为负责,你所说的每一句话、做的每一件事,都是由你自己决定的。

- 告诉自己:"生气也没什么,但不要报复回去,就算是对方先伤害的我。"

- 收缩身上的每一块肌肉,从头到脚(或从脚到头)。

- 改变你生气时的习惯。某个人在对你吼叫时,你与其吼回去,不如试试这个办法:降低自己说话的音量,然后用平稳的语气告诉对方"我在听你说呢,你正在说……"。与其对打你的人以拳脚还击,不如(在可能的情况下)远离他,或者把手深深地插进你的口袋里，又或者在自己背后紧握双手。

- 让这股怒气以正确的方式发泄出去，使其不至于伤害到你和他人。你可以在社区里跑几圈或骑自行车绕几圈，可以用丢枕头或压枕头的方式泄愤，也可以做点儿纸球往墙上扔或投篮，还可以原地跳几下。

- 给导致你生气的始作俑者写封信，就像你在和他当面对峙一样。但不要真的把信寄给对方，这封信只是为你自己写的，你自己保存好即可。

- 在脑海里想想平和的场景，想象你正在沙滩上看着海浪翻涌，或正躺在一片田野上看着天上的云朵变换形状，还可以想象自己正坐在一块大冰砖上，冰砖冷却着你那即将爆发的怒气。

3. 写写你的怒气，描写一下导致你生气的人和事物，并写出你在生气时做了些什么。然后列一个清单，在清单里列举出比起生气你更应该做的事情。给自己设立目标并记录下来，然后时刻追踪你的进步。

4. 如果你无法独自处理生气的感受，那么向你的父母、老师、辅导员或别的信得过的大人求助吧。如果生气这种感受对你和你的同学来说都是一个严重的问题，你甚至可以提议在学校里专门设立一个生气情绪管理小组。

羞耻

1. 尝试指明你感到羞耻的原因。是某个人说了或做了什么才导致你感到羞耻吗？或者说，你的羞耻感是源于自己本身吗？

2. 尝试指明你正在经历的是哪种羞耻。羞耻的种类有很多，你可能会感到自己一文不值、无能为力、尴尬、失去勇气、害羞、负罪感十足、不自在或渺小。

3. 找一个合适的词来形容你的羞耻感，给它起一个名字，然后和你信任的人说说你的感受。

4. 当心，羞耻可能会导致愤怒，包括对自己的愤怒、对别人的愤怒、对世界的愤怒……你要学习并练习驯服自己内心的愤怒，就像我们在第83～85页里写的那样。

5. 拥有自我力量和积极的自尊，对自己的行为举止和感受负责，指明并说出自己的感受、梦想和需求。这本书里的方法全都是能帮上忙的。当你发自内心地感到安全和自信并建立了健康且强大的自尊时，其他人就很难再使你感到羞耻了，你也会觉得自己的内心更强大了。

6. 如果你无法独自处理羞耻的感受，那就向你信任的大人求助吧。

嫉妒

1. 尝试指明引起你嫉妒的原因。是不是爸爸在你的兄弟姐妹身上投入的精力更多?是不是你最好的朋友有了新朋友?记住,嫉妒这种感受总会牵扯到你和另外至少两个人,你甚至会为某个不认识的人而嫉妒、吃醋。尽可能具体地说出牵扯到的人,以及你的感受。

2. 当心,你可能会因为嫉妒而指责他人。你要寻找能安全表达自己愤怒情绪的新方法。

3. 写写你的嫉妒感受吧。除此之外,你还有什么感受?它是否妨碍了你和他人的友谊?当你感到嫉妒时,你是否经常会说些违心话或做些违心事,也就是那些伤人伤己的事?你愿意停止嫉妒吗?

4. 给自己生命中美好的事列一个清单,列出你关心的人、关心你的人、你最喜欢的事物,还有其他能让你觉得高兴和感激的事物。接下来,再列出让你感到嫉妒的事物,也许你会发现你的"好事"清单要比你的"嫉妒"清单更长,或者反过来也是有可能的。在任意一种情况中,想个办法来鼓励自己都有助于你正确地看待事物。

5. 如果你无法解决嫉妒感受,比如你持续地受它影响,无法享受生活，那就向你信任的大人求助吧。

孤独

1. 如果你感到孤独，也许是因为你独处的时间太长了，或者是因为你和错误的人在一起的时间过长了。试着分析你的情况是由哪种原因造成的。

2. 如果是因为你独处的时间太长了，那你就去做些什么吧，比如交朋友。下面列出了5个供你尝试的小方法：

- 主动伸出你的手，别等着别人向你迈出第一步。如果你有想要了解的人，那就微笑着对他说"嗨"吧。开始你们的对话，找到你们的共同点，一起度过一段时光。

- 参加活动。加入一个社团，听一堂让你感兴趣的课，无论是不是学校里的课程。

- 成为志愿者。在你的学校、社区等地方看看是否能找到这种机会。

- 要让他人感觉到你对他们感兴趣，不要光顾着谈论你自己，也要多问问对方问题，要当个好的倾听者。

- 要成为友善且尊重他人的人,学会宽容和接纳,要像希望他人对待自己那般去对待他人。

3. 如果你和朋友在一起时仍感到孤独,也许你们之间没有太多的共同点,他们不是你真正的朋友,他们没能给你正确的影响,或他们尝试让你去做违背你意愿的事。离开他们,去结交新朋友。短期内你可能会觉得更加孤独了,但这种感觉不会一直持续下去。你将会遇到新的朋友,建立起新的友谊。

4. 如果你在交朋友或找到合适的朋友这方面需要帮助,那就和你信得过的大人说说吧,或者和你崇拜且喜爱的同龄人说说这件事,询问一下他们的意见。

郁闷

1. 尝试尽可能详细地指明你感到郁闷的原因(一个或多个)。

2. 把你的郁闷感受写出来,释放你的感受。

3. 和你信得过的大人说说你的郁闷感受,或者和愿意倾听并支持你的朋友聊聊天。

4. 告诉自己所有人都有难过和忧郁的时候,郁闷的感受是生活中的一部分,一般情况下它会过去的。

5. 做些能让自己高兴起来的事。在网上看个搞笑视频,听听相声，看点儿幽默小说，和能逗你笑的人在一起度过一段时间。

6. 做会儿运动。运动能让你的大脑释放名为内啡肽的化学物质，而内啡肽能舒缓你的情绪，让你自然地兴奋起来。

7. 记住：郁闷和抑郁不是一回事，如果你的郁闷感受持续了超过两周或更久的时间，那你就需要和一位信得过的大人说说了。

请注意

如果你真的情绪低落，感到悲伤、无望或无助，甚至想要伤害自己，那么你应该立刻寻求帮助。和你信得过的大人聊聊天，或在网上寻找"心理危机咨询热线"的号码，并马上拨打过去。别犹豫！

第 3 章

如何增强自我力量

塞莉娅非常希望自己快快长大，也许只有这样，她才能拥有掌控自己生活的力量。

　　现在，她觉得身边的人好像都对她颐指气使，就算她不愿意，但还是不得不去做某件事，否则她就会"自食恶果"。她每天都要听许多次"后果"这个词，这令她现在对这个词十分厌恶。

　　妈妈命令她去铺好床铺，如果她不去，后果就是被妈妈一直吼到铺完床铺为止；爸爸要求她去遛狗，如果她不去，后果就是被禁止出门和朋友玩耍；老师要求她去写报告，要是写不完呢，塞莉娅不仅会得到一个"F"的评分，回到家里还会因此被父母责备。

　　除此之外，还有许多人命令塞莉娅去做一些事。她的哥哥、教练、钢琴老师，甚至还包括她的邻居！就在上周，邻居不许塞莉娅在他家门前玩球。

　　塞莉娅只希望有一天能轮到她来命令别人，到那时，她会让所有人都为曾经那样对待她而感到抱歉！

　　当个小孩可真不容易，这话不假。所有告诉你"这是你一生当中最美好的时刻"的人，肯定早就把他们小时候的样子给忘光了!

做小孩又有什么好的呢？你个子矮，不会开车，还必须去上学，连去厕所都要得到老师的允许。别人可以叫你整理房间或洗手，而你还得住在他们指定的地方，按他们说的方式穿衣、吃饭，甚至有时候还要按他们的意愿说话，我的天哪！

你实际拥有的力量比你想象中的要多得多，你可以运用这些力量来为自己发声。

了解角色力量和自我力量的不同

有两种力量是你应该了解的：角色力量与自我力量。

角色力量是基于某些角色或工作形成的。对孩子来说，父母拥有角色力量，他们可以制定规则、给予或收回特权等，只因为他们在扮演父母的角色。

对学生来说，老师则拥有角色力量。他们可以布置作业、进行考试，给学生打高分或低分，让学生放学后留校，带学生去见校长等，只因为他们在扮演老师的角色。

许多人都拥有角色力量，包括校长、教练、警察、立法人员、法官。

就连你自己也可以拥有角色力量。当你成了某个社团的社长、学生会的会长、班长或校乐队的队长时，你也就自然而然地拥有了某种角色力量。正是由于拥有这种角色力量，你才能做别人无法做的决定。

然而，我们不能将角色力量和自我力量混为一谈。下面列出了它们之间的一些区别：

- 角色力量诞生的原因在于你恰好正在扮演某种角色，而自我力量则意味着从内心感到安全和自信。
- 角色力量的有无取决于能被你命令和掌控的人是否存在（一个光杆司令可没有太多的角色力量），而自我力量的有无只取决于你本身。
- 角色力量是你需要经过耐心等待才能获得的，你可能永远也没办法获得那么强大的角色力量；而自我力量是你只要努力就能拥有的，只要你想，你就能获得尽可能多的自我力量。
- 只有特定的人才能拥有角色力量，但所有人都能拥有自我力量。就算是在许多人都对你行使角色力量时，你也能拥有自我力量。

理解这两种力量之间的区别是件至关重要的事，有的人仗着自己的角色力量，一辈子都活在与别人的抗争当中，有的人则认为角色力量对他们而言是唯一一种值得拥有的力量。这都会在他们的生活中引发许多问题。

让我们回到第93页，再看看塞莉娅的故事吧。现在你看出塞莉娅的问题了吗？所有能对塞莉娅行使角色力量的人都令她生气，她希望能反击回去。多浪费精力啊！

那塞莉娅还能做些什么呢？她可以接受有的人就是能对她行使角色力量这一事实，还可以努力培养她的自我力量，这样她就不会那么在意被人行使角色力量的事了，她会发自内心地感到安全和自信。

如果你总是因为那些对你行使角色力量的人而纠结，那有意义吗？也许没有，甚至还会让你惹上一身麻烦。

给你一个建议：别再纠结了。有的人就是能对你行使角色力量，接受这一事实吧。把你的精力都花在培养自我力量上，这可是学会为自己发声的重要方式。

请注意

以上内容并不代表让你对那些行使角色力量的人言听计从或百依百顺。如果有大人让你去做一些不该做的事，那你要赶快寻求帮助，去找另一个你信任的大人，告诉他发生了什么。

关注人际关系中的角色力量和自我力量

埃文和钟是邻居。埃文上四年级,而钟已经上六年级了。有一天,埃文正在人行道上滑滑板,钟恰好路过。

"滑板不错啊!"钟突然说道。

埃文有些吃惊,他没想到一个高年级学生会和他说话,但他还是回答了:"谢谢你,这是我的生日礼物。"

"我也有块滑板,"钟又说,"我能给你看些玩滑板的技巧,你想看吗?"

"好呀。"埃文回答道。

钟借用了一下埃文的滑板,并在接下来的时间里和埃文一起玩得不亦乐乎。埃文玩得非常开心,他喜欢和钟一起玩,并希望钟也是这么想的。

当我们关心那些在意我们的人时,我们便自发地赋予了这个人角色力量。我们可能会按照这个人的喜好去行动,会敬仰

这个人，也许还会开始模仿这个人。

埃文开始在意钟如何看待他这件事，只要钟一直尊重埃文，那都没有关系。此外，埃文还能从钟身上学到不少东西，比如钟能以身作则，教埃文怎样才能成为一名更好的滑板玩家。但如果钟不尊重埃文呢？他可能会取笑埃文，可能会教埃文做一些太难的甚至危险的动作技巧，那这件事就显得不那么美好了。

在你的一生中，你会被一些人的看法所影响，你会希望得到他们的喜爱。在抱着这种念头的同时，你也会允许他们对你行使角色力量。你怎样才能知道对方是否尊重你呢？只要注意你的感受就可以了。如果和他们在一起或向他们学习时，你从内心里感觉不错，并认为这是一件正确的事，那你就去做；如果你从内心里觉得不妥，认为这件事不该做，或觉得这件事让你感到不舒服甚至奇怪，那你就不要去做。

你还会遇到在意你看法的人，这会让你觉得充满了力量。那你又该如何知道自己是否也尊重他们呢？这回你不仅要关注自己的感受，而且要在意他们的感受。这样一来，你就能感知到你的行为对他们是有益的还是有害的了。

让自己拥有更多的选择

妈妈下班回到家,看见伊罗正在看书。

妈妈想知道伊罗有没有做家务,便问他:"你做完家务了吗?"

"还没呢,"伊罗随口回答道,"这本书好有趣,讲的是两个人决定去爬山的故事,然后他们……"

"把书放下,马上!"妈妈打断了伊罗的话,"立刻去做家务,否则你这周哪儿都不能去!"

妈妈下班回到家,看见伊娃正在看书。

妈妈想知道伊娃有没有做家务,便问她:"你做完家务了吗?"

"还没呢,"伊娃回答道,"我想先把这个节目看完。"

"伊娃,听着,我们之间有点儿问题,"妈妈说,"你放学回来之后应该先把家务给做了。"

"但这是我最喜欢的节目,它的播放时间就是现在!"伊娃争辩道。

"我知道,"妈妈回答道,"所以让我们来看看怎样才能解决这个问题。"

妈妈思考了一会儿,然后说:"你可以在早上去上学之前就把家务给做了,这样你就可以在放学回来之后看喜欢的节目;还有一个办法,就是你趁着做家务时把节目给录下来,然后晚上再看。你选择哪种办法?"

"我不想一大早就做家务,"伊娃说,"我觉得我可以先把节目录下来,稍后再看。"

妈妈露出一个微笑,"那就试试看吧,按这个计划做几天,看看效果如何。"

伊罗和伊娃都被要求在放学回家之后做家务。在这方面,他们接到的命令是一样的。但伊罗觉得自己没有反抗的余地,而伊娃却觉得自己拥有权力。原因是什么呢?原因就在于伊罗的妈妈对伊罗下达的是命令，而伊娃的妈妈却给女儿提供了选择。

每当我们有选择的余地时，我们都会感到拥有了权力。许多家长或拥有角色力量的人都能体会到这一点。他们尝试给孩子提供选择的方案，哪怕提供的都是些微不足道的选择，比如：你想先吃哪个，甜甜的药还是苦苦的药？你无法避免吃苦的药，但你能选择什么时候吃它。选择会让你感到拥有权力，不会让你充满无力感。

如果你在家里感到有心无力，那就和你的父母谈一谈，跟他们说说你的感受，问问他们是否可以在某些事上让你做选择。这正是为自己发声的一种方式。

而当你做出了选择之后，就要坚持到底，说到做到。举个例子，要是伊娃录了节目却还是没有做家务的话，那她的妈妈可能就会取消她所做的选择了。

如果你的父母没有给你选择的余地该怎么办呢？就算如此，你也别觉得自己孤立无援，你还能给自己创造选择的机会。你可以考虑以下两种方法：

- 你可以选择接受现实，如果你的父母不愿意改变，你也无可奈何。
- 你还可以选择逃离。当你感到挫败、生气、伤心或羞耻时，再看看第83～86页的内容吧，你会找到逃离的方法。

让自己和别人在人际关系中拥有同等的权力

> 只要尼克满足了卡里姆的需求，尼克和卡里姆就能常常一起出去玩，而且形影不离。而当尼克无法满足时，卡里姆就威胁尼克说要回家了。每当遇到这种情况时，尼克都会觉得很无力，他不想让卡里姆回家，所以他就只能让步了。

卡里姆在这段人际关系中拥有着全部权力，他利用这一权力来满足自己的需求。但尼克还是可以选择为自己发声。下一次卡里姆威胁他时，尼克可以笑着对他说："行吧，下次见！"

这句话会让卡里姆大吃一惊，也许他最终还是会离开，但他也有可能留下来。尼克只需要耐心等待结果就好。

不再向卡里姆屈服，会让尼克夺回卡里姆所拥有的部分权力。之后这两个男孩拥有同等的权力。

尼克还能开诚布公地和卡里姆说说他的行为给自己带来了怎样的感受，要是这条路行不通，那么尼克最好学会不去在意卡里姆的去留。尼克得学会改变自己对卡里姆的期待，这就是尼克能掌控的事，也是他在这种情况下拥有的权力。

> 阿利克斯和凯拉是好朋友，她们可喜欢在一起玩儿了。但凯拉有时候不那么守信，她说好要来阿利克斯家却没来，阿利克斯在家里左等右等。
>
> 她最后只好给凯拉打电话，可凯拉却总是有理由，比如"抱歉，我给忘了""我觉得还是家里舒服"或"诺娅来我家了，我在跟她玩儿呢"。
>
> 当这种情况发生时，阿利克斯会觉得很无力。她每次都会对凯拉的保证充满期待，最终却感到被伤害了，好像自己被羞辱了一般。阿利克斯对不遵守诺言的凯拉十分生气。

凯拉在这段人际关系中掌握着全部的权力，而阿利克斯对此无能为力，她没办法改变凯拉的行为举止，然而她仍可以为自己发声。她可以按照下面说的试着做：

- 阿利克斯可以尝试交些新朋友，这样她就不用过于依赖凯拉了。
- 阿利克斯可以不打电话，直接去凯拉家拜访。无论凯拉愿不愿意和她一起玩，阿利克斯都得等上一会儿才能知道结果。

- 阿利克斯可以试着和凯拉讨论一下她的行为,可以告诉凯拉她的行为让自己觉得被冒犯了。也许凯拉还未意识到自己的行为到底给朋友带来了怎样的影响。

- 阿利克斯还可以不再对凯拉的承诺抱有期望。我们理所当然地希望朋友能遵守诺言,但凯拉过去不守信用的次数太多了,所以阿利克斯不必再对凯拉抱有符合实际的希望了。

不管阿利克斯采取了哪种方式,她都能从凯拉那儿夺回部分权力。之后这两个女孩拥有同等的权力。

当你胆怯时,不妨试试这些小技巧

也许你会想:我永远不可能和别人拥有同等的权力,或者我根本不配拥有权力,我太胆怯了!

但是几乎所有人都会有胆怯的时候。胆怯是在有陌生人的场合里会产生的一种羞耻情绪。有报告显示,超过90%的人表示自己有过胆怯的时刻,将近一半的人表示他们现在依旧很胆怯。

如果你感到胆怯,那么为自己发声就变成了一件难事。当感到胆怯时,你也许会变得不擅长表达自己的感受,无法开口表达自己的需求,并且不知道如何在你的人际关系中获得并运用力量。当感到胆怯时,你可能会在人际交往方面遇到困难。

比如，你想对某人打招呼或想和某人沟通时，你的手心可能会直冒汗，心跳也会加快。

只要你想，你就可以试着不那么胆怯。下面让我们来告诉你一些方法：

- 和你信任的大人聊聊天，试着说说有时候你会感到胆怯这件事，看看他们能不能帮助你，请求他们与你分享他们感到胆怯的时刻。

- 每天都给自己设立一个简单的目标，比如"今天我至少要和学校里的一个人打招呼"或"要是今天詹姆斯还嘲笑我，我一定要告诉他，他应该闭嘴"。

- 列一个清单，写出3个让你感兴趣、乐于讨论的主题，再从中挑选一个作为聊天的主题，尝试和某个你想要更加了解

的人讨论这个主题。

- 逼迫自己去做一些平时绝对不会做的事。比如参加一个社团、邀请某个人来家里玩、在学校里主动给低年级的孩子朗读等。
- 比起拒绝别人的邀请，你更应该接受邀请。和别人在一起玩耍的时间越长，你就越不容易胆怯。
- 交个新朋友。你拥有的朋友越多，你就越不容易胆怯。
- 建立你的积极自尊，在第4章可以找到方法。
- 最重要的一点始终是：就算你感到胆怯，也还是要尊重自己。

学会如何应对霸凌

如果你被欺负过，那你一定知道这有多么恐怖。霸凌偷走了你的尊严和自我力量，只给你留下无力、恐惧和愤怒的感受。你还会感到被深深地羞辱了，甚至感到自卑、自己毫无价值、极度羞愧，连向他人比如父母或老师倾诉都难以启齿。羞耻感不仅会麻痹你，还会引发更多的羞耻感。起初，让你感到羞耻的是被霸凌这件事，随后，你会觉得连向他人倾诉这件事都令你羞愧万分。这些都让你在自己的羞耻感中越陷越深。

不管你被欺负的频率是一个月一次、一周一次，还是一天十次，你都不必承受这一切。在学会如何面对霸凌之前，你得先知道下面列出的5个事实：

1. 被霸凌并不是你的错，没有人理应被这么对待。

2. 就算你遭受了霸凌，你也不是孤身一人。在美国的小学和初中里，超过20%的学生都在饱受霸凌的折磨，也就是说每5个学生当中就有1个学生被欺负，而全世界有上百万个孩子正生活在霸凌的影响下。

3. 霸凌要比单纯开玩笑更严重。开玩笑有时候只是带着玩闹性质的行为或不含恶意的行为，但在普遍情况下，它也依旧意味着尖酸刻薄和伤人。由霸凌所导致的伤痛则更深、更重。别信某些人嘴里说的"霸凌又不是什么大事儿"（它就是），或者"老和别人抱怨被霸凌的人都是没长大的小孩"（才不是），还有"霸凌在成长过程中是很常见的"（才不是）。霸凌是一个很严峻的问题。

4. 霸凌主要分为4种类型：

- 物理层面上的：殴打、推搡、踹、拳打脚踢。
- 言语层面上的：起外号、口头侮辱、歧视性发言、性骚扰发言、令人难堪。
- 感情层面上的：无视、排斥、回避、威胁、羞辱、拒绝。

- 网络层面上的：传播流言蜚语，暴露隐私，利用网络、短信或其他类型的电子信息沟通手段来辱骂或嘲笑他人。

5. 如果你正遭受霸凌，你也依然能做些什么：你可以选择用有效的方式来为自己发声，这样你就能获得帮助。

现在来说说你不该做的事及原因：

- 不要哭泣。霸凌别人的始作俑者往往正是出于恃强凌弱的心态才去欺负别人，你一旦哭了，就给了他们想要的结果。
- 不要想着报仇，这会让霸凌你的人更加生气。
- 别还手，你可能会因还手而受伤。
- 别口头威胁霸凌你的人。
- 不要待在家里不敢去上学。不去学校只会让你错过学习的时光。
- 不要接受网暴现象。不管是在真人之间还是在网络上，你都应当获得应有的尊重。一旦被网暴了，你要立马向大人寻求帮助。
- 就算被霸凌的人不是你，你也不要把霸凌当成一件与己无关的事情。你要为他人发声。帮助被霸凌者的方法有很多：你可以安慰他、陪他去一个安全的地方，还可以向大人求助。

接下来说说你被霸凌时能做的事吧：

为自己发声

- 向朋友倾诉：向愿意支持你并为你发声的朋友倾诉，你甚至可以和朋友约定好要为彼此发声。

- 告诉老师：这一点尤其适用于校园霸凌的情况。霸凌者通常都在大人的视线死角里鬼鬼祟祟地欺负人，这就意味着如果你不说出来，你的老师可能永远不知道发生了霸凌的事。

- 还要告诉父母或其他大人：他们也许能帮助你面对这个问题。向一个值得信赖的大人吐露心声，能让你好受些。

- 哪怕你感到无比尴尬，也要尽量把霸凌的事说出来，因为这真的很重要。不要让羞耻感控制你。

- 当某个人霸凌你时，你要直接站起身或坐直了，然后直视对方的眼睛，用自信、坚定的声音警告对方："别来烦我！"或"停！我讨厌这样！"霸凌者通常不希望看到他们的目标为自己发声，所以这个办法也许足够让他们退缩并停止霸凌行为。

- 如果警告不起作用，或你不敢去警告对方的话，那就尽量保持冷静，然

后离开现场，走到人群中或者与自己的朋友会合。

- 当你上网时，无论何时都要谨记先"试试水"，不是每个人都会尊重你的隐私和感受，不是每个人都值得你信赖，也不是每个人都有好心肠，他们可能是危险的人。

- 有一个办法能够帮助你看清楚一个人是否值得信赖：和对方分享自己的一个小隐私，并要求对方保密。记得选择一个即便被泄露出去也不会让你感到尴尬或过于受伤的隐私哦。

- 还要铭记一点：就算是值得信赖的朋友或其他人，在现实生活中尚且有可能伤害到你，更何况是在网上认识的人呢。如果你被某个人网暴了，那就按照处理被霸凌的方法来解决。和你的朋友、你信得过的大人倾诉，你要勇敢地站起来为自己发声。

- 要时刻仔细体会你的感受。在你所有的人际关系中，你都要这么问问自己："我和这个人在一起时，我觉得安全吗？和他在一起或与他交流时，我感觉还好吗？"

大多数学校对霸凌现象都持绝不容忍的态度，你的学校也许已经制定了相关规定，严令禁止霸凌现象。向你的老师咨询相关信息，告诉老师你想知道在遇到霸凌时该如何为自己发声。

要是你就是霸凌者之一呢？有时候，人们认为欺负他人是获得或增强自我力量的方法之一，然而如果你伤害了他人，就意味着你没有正确地运用你的自我力量。假若你真的是霸凌者，你最好向一个信得过的大人求助，让他来帮助你纠正行为，以停止霸凌。

在生活中增强自我力量

就算你"只不过是个小孩"，你也依然是个充满力量的人！想想你能够做到的事吧：

- 你可以对自己的行为举止和感受负责。对于那些你知道不该做的事，没人能强迫你去做，也没人能让你感到疯狂、悲伤或害怕。

- 你对自身的行为和感受拥有选择权。你能决定对某个大家都信赖的人以礼相待，也可以选择自我感觉良好。你能学会如何做出明智的决定并拥有符合实际的期望。

选择＝力量

- 你可以指明并说出你的感受。你可以告诉别人你的感受，并为自己的感受发声。

- 你可以指明并说出你的梦想。对你而言什么才是最重要的，这取决于你自己。你可以为自己的梦想发声，并为达到目标而努力。

- **你可以指明并说出你的需求。** 只有你才能理解自己需要什么。你可以为自己的需求发声，并努力满足自己。

- **你可以在自己的感受过于强烈，以至于无法控制时选择暂时逃离。** 你可以让自己"身处局外"，对自己的感受采取旁观态度，然后让它们渐渐消逝。

- **你可以在和别人交往中获得力量。** 你可以做出让自己不那么被动的选择，让自己在某些人际关系中获得同等的权力。

上述所有事都能增强你的自我力量。你可以在生活中的方方面面都用上你的自我力量。无论身处何地，和谁在一起，或者在做什么，你都能发自内心地感到安全和自信。拥有自我力量，你就能真正地掌控自己的生活。

列快乐清单

童话故事通常会这么写：一个既没有权也没有钱的穷小子爱上了一位公主，他们结婚了，最后快乐地生活在一起，直到永远；或者一个孤独、无助的贫穷姑娘摇身一变成为公主，与一位王子结婚了，并永远快乐地生活在一起。

要是现实生活也像童话故事一样就好了，但事与愿违，现实中从来都不存在"永远快乐的生活"这种东西。

你得对自己的快乐负责。他人可以关心你的幸福，但没有人能让你感到快乐，只有你能决定自己面对生活的态度和感受。即便如此，你也无法让自己每时每刻都快乐。

当你看电影、电视节目、网络视频，浏览杂志、广告和使用社交媒体时，你可能会认为自己应当感到快乐。如果你没有这种感受，就很容易觉得自己哪里不对劲。然而，觉得自己"应该快乐"的想法是不切实际的。真实的生活充满了惊喜，你的每一天都可能是美好的，也可能是糟糕的，你有时会觉得幸福、快乐，有时会觉得伤心、难过。

你能做的就是学会将快乐的感受收集并储存起来，这样你就会拥有快乐源泉。

列一个快乐清单

有的人将兴奋和快乐的感受储存在心底，并舍弃生气、恐惧和羞耻的感受，有的人则恰恰相反。你是哪种人呢？按照下面的方法来分辨一下吧！

> **现在** 写下昨天发生的5件事：5件立刻浮现在你脑海里的事。

写完后重读一遍你写下的内容。你写下了5件好事,还是5件坏事,还是两者皆有呢?

你可以选择记住一些事,并让它们成为你生命、记忆乃至对自身看法的一部分。你可以学会抓住快乐、积极的感受,放下悲伤、沮丧的感受。怎么做?请看以下内容:

> **现在** 写下5件今天发生的事:那些让你觉得美好的、不禁面露微笑的事。

不需要写那些重要的事,如果要等到获得全优的成绩或赢了一百万元才动笔的话,你可能永远也写不出一个字来。所以想想那些细节吧,那些常常被你忽略了的却让你发自内心地感觉美好的事。

- 今天出太阳了吗?
- 老师夸你了吗?
- 有没有人送给你一只小狗或小猫、小仓鼠?
- 新鞋合脚吗?
- 你的祖父母有没有抱你一下?
- 你的好朋友是不是把他最

喜欢的游戏给你玩了?

- 有没有向你喜欢的人微笑?他们也向你微笑了吗?
- 有没有因为一个笑话而放声大笑?
- 午餐时有没有吃到你最喜欢的食物?
- 有没有收到朋友发给你的信息或邮件?
- 在学校里有没有学到令人兴奋的新东西?
- 有没有和你在意的人共度一段时光?

- 有没有在背包底部发现一张钞票?

不光这些,你的清单里还有更多可以写的东西。

> 每天都做这件事,
> 无论是工作日还是双休日,
> 无论是上学期间还是放假期间,
> 每天都要快乐5次。

你可以在晚上睡觉前做这件事，或在一天之中随时记录发生的事。

记住发生的美好的事可不是一件容易的事，你肯定会有需要努力回忆才能记起美好的事的时候。但你一定能做到，因为它值得你这么做。

为什么每天列一个快乐清单这么重要？有5个（甚至更多的）原因：

1. 快乐清单可以增强你的自我力量。
2. 快乐清单可以让你明白：你对自己的快乐负责。
3. 快乐清单可以告诉你：你能选择如何享受生活。
4. 快乐清单可以教会你：要去寻找那些能创造快乐的事。
5. 快乐清单可以教会你：要把正面感受收集并储存起来。

把快乐清单看成一个"快乐存储账户"吧。下一次你感到悲伤、孤独、生气或担忧时，就可以到你的"快乐存储账户"里取出一份积极、温暖或幸福的感受，并再一次体会这份感受。这能有效地帮助你转移注意力，让你不再去关注那些令你失落、低沉的感受。

从现在开始，无论何时，只要你脸上露出了笑容，你就按照以下步骤来做：

1. 停下手中的事，回忆一下是什么让你感到快乐的。

2. 体会这份快乐的感受。
3. 将这份感受存在心里。
4. 尽可能快地将这件事记录下来。

充分利用快乐清单的小技巧

- 和你的父母或全家人一起列这个清单。这是一个值得所有人都参与进来的好习惯。

- 把你的快乐清单好好地存放在一个特殊的笔记本或文件夹里,然后按你喜欢的方式来装饰这个笔记本或文件夹。

- 经常查看你的快乐清单,并再一次体会你的快乐感受。

- 经常查看你的快乐清单,然后从中选取几件事再体验一次。如果你写的是"和妈妈一起散步了",那就再邀请妈妈去散一次步;如果你写的是"我看见了一次美丽的日落",那就再看一次日落吧。

第 4 章

如何建立自尊

今天是开学第一天,你来到教室,和朋友打了招呼,并找到了自己的座位。你注意到讲台上的老师是新面孔,是一张你之前从未见过的面孔。他站在讲桌前,对每一个走进教室的人都露出微笑。此时,上课铃响了,你老老实实地等着,看接下来会发生什么事。

老师走向黑板,在黑板上用大号字写下了他的名字"卡尔·埃尔南德斯",紧接着又在名字后头写下了一连串如下的句子:

> 1. 拥有10年教学经验。
> 2. 富有爱心的丈夫和父亲(育有两个孩子)。
> 3. 社区垒球队教练。
> 4. 大哥哥大姐姐组织志愿者。
> 5. 爵士乐队中的萨克斯手。

然后他转过身,面向班级里的同学说道:"现在你们知道了我的名字,还有一些关于我的事。黑板上写着的是5件让我引以为傲的事,我也想从了解大家入手,开启新的学年。请拿出一张纸,在纸张顶部写下你的名字,然后再列出5件关于你自己的好事,也就是那些能让你自豪的事。"

这时候，你是会马上开始动笔呢，还是只能盯着纸苦思冥想呢？你能想出5件关于自己的好事（让你自豪的事）吗？

你拥有足够的积极的自尊吗？

你需要用自我力量和积极的自尊来为自己发声。你需要坚信自己是值得发声的存在。

那么你该如何评估自尊呢？

有一个不错的办法能帮你评估自尊，那就是密切关注你对待自己的态度。就好像你和你的每一个朋友之间的关系都是独一无二的，你和自身之间也存在着一种唯一且独特的关系。

为了更好地了解这个概念，先想想你是如何与朋友交谈的，又是如何对待他们的吧。

如果你经常对某个人生气或不尊重某个人，那么你的言谈举止中会透露出这些情绪，而这一切都会决定你和这个人之间的关系。

反过来，如果以宽容和尊重去对待某个人，那么你就能创造出一种完全不同的关系，一种以关怀、分享和理解为基础的人际关系。

这正是你可以和自身建立的充满尊重的、积极的关系。

倾听自己内心的声音

我们在下面列举出一系列问题，请你思考其中的每一个问题，并选出最接近你情况的回答。

1. 早上起床后看见镜子里的自己时，你会对自己说什么？

a. "我的气色看起来可真不错！今天一定是美好的一天。"

b. "哦不，怎么又是我！我真难看！为什么我不在床上继续躺着呢？"

2. 当你失败或犯错时，你会对自己说什么？

a. "每个人每天都会有失败或者犯错的时候，我当然也不例外。"

b. "我又弄砸了！我怎么就是做不好！我应该弄得更清楚一些。"

3. 当你通过努力获得了一些成就时，你会对自己说什么？

a. "我为自己自豪。"

b. "如果我再努力一些，可能会收获更多。我做得还不够好。"

4. 你和一位能对你行使角色力量的

人（比如父母、老师或教练）的对话刚刚结束，你会对自己说什么？

  a. "我处理得不错。"

  b. "我简直不敢相信自己怎么能做出这种蠢事！我总是乱说话。"

 5. 你在新社团参加的第一场会议刚刚结束，你会对自己说什么？

  a. "刚才太有趣了，我遇见了喜欢的人，我开的玩笑还让他们捧腹大笑。"

  b. "我说得太多了，没人喜欢我，所有人都讨厌我说的笑话。"

 6. 你刚从同学家出来，你和同学玩得很开心，这时候你会对自己说什么？

  a. "太好玩了，我们喜欢在一起玩。"

  b. "那个人只是装出一副喜欢我的样子罢了，也许以后我再也不会收到邀请了。"

 7. 当你从某个人那儿得到了赞扬，你会对自己说什么？

  a. "棒极了！我很开心，而且我也应该得到这份赞扬！"

  b. "他们只有在有求于我时才会赞扬我，我根本不值得他们赞扬。"

8. 当某个你关心的人让你失望时,你会对自己说什么?

a. "我的感情受到了伤害,但我会恢复过来的。到时候我能试着了解到底发生了什么。"

b. "这恰好证明了这个人根本不在乎我。"

9. 当你辜负了某个关心你的人时,你会对自己说什么?

a. "这可不好,很没意思,但有时候人就是会让别人失望。我会承认我做过的事,也会道歉,希望对方可以原谅我,然后能和我继续交往。"

b. "我为什么会做出这么可怕的事?这简直太丢人了!难怪没人喜欢我。"

10. 当你有需求或对自己没有信心时,你会对自己说什么?

a. "每个人都会有产生这种感觉的时候,我会去向爸爸要一个拥抱,或玩我的小泰迪熊玩偶,把它的耳朵卷起来,我马上就会感觉好多了。"

b. "我为什么总像个小孩一样,为什么不能成熟一些呢?我到底在干什么?"

打分:你知道吗?你刚刚完成了一份关于自尊的问答。答案为a得10分,答案为b得5分。计算你的得分,然后按照下面的记分卡来找出你的得分所对应的自尊等级。

得分	自尊等级
90~100分	你拥有高度积极的自尊
75~85分	你的自尊等级尚且过得去。继续读本书，学习如何增强自尊吧
65~70分	你的自尊等级比较脆弱。既然你现在知道了这个事实，那你可以去改变它
50~60分	你的自尊等级岌岌可危。幸运的是你还能做不少事来提升它，就从今天开始做起吧

了解自尊的真正含义

在你开始学习如何提升自尊等级之前，了解自尊的真正含义很重要。

你也许有所耳闻，有的人把自尊看作一件坏事，他们认为自尊意味着吹嘘、自以为是、自视甚高。

但他们错了。

自尊意味着你发自内心地为自己感到自豪，并不仅仅是因为你告诉自己"我很特别，我很好"，也不仅仅是因为别人告诉你"你很特别，你很好"，仅凭言语不会让你产生自豪感，采取行动才能让你心生自豪感。自尊意味着你因做了值得骄傲的事而为自己感到自豪。

也许你已经给自己设定了个人目标并且实现了，也许你已经能很好地处理困境了，也许你已经能以诚待人，又或者你长久以来的生活方式已经令你感到自豪了，因为你忠于自己的价值观和信仰，也忠于自己。

自尊并不是一种高人一等的感觉，它只和自己有关，和别人毫无关系。

以下是更多关于自尊的传言与事实：

传言	事实
自尊来自外界，来自那些赞美和鼓励你的人	自尊来自内心，来自对自己的了解
自尊既能被给予，也能被拿走	自尊由学习而获得
自尊可以促使人走向成功	自尊是因为你为自己感到自豪，不仅为自己的行为感到自豪，而且也为自身感到自豪

知道需要建立自尊的10个理由

当你拥有了自尊：

1. 你就更有可能积极去冒险（你将有所成长）。因为你知道前路未卜，对你来说成功、失败都有可能发生。

2. 你会更容易避免承担负风险（那些不安全的风险）。因为你非常尊重自己，所以不会轻易让自己陷入危险。

3. 在抵抗来自同龄人的消极压力时，你的力量会更强。

4. 你不太会仅仅为了融入而加入某个并不适合自己的群体，或去迎合某个自己并不赞同的想法。

5. 你会变得很强大，能处理生活中的挑战和改变。

6. 你的自愈能力很强，你能在面临生活中的重重困难，甚至失望或失败把你压到谷底时重新振作起来。

7. 你能为自己设立目标，并努力达到这些目标。

8. 你能自由发挥你的创造力，并充分利用你的才能和技能。

9. 你能让自己开心起来，因为你深知自己应当拥有快乐和幸福。

10. 你会对生活有着积极的态度。

掌握如何建立自尊的方法

列一个"我做到了"清单

你要为你的自尊负责。其他人可以试着增强（或削弱）你的自尊，但除了你之外，没有人能令你更多或更少地感到自豪。

你可以学习收集并储存自豪的感受，这样你便会时刻拥有足够的"存货"。列"我做到了"清单的方法就像在第113页描述过的列快乐清单一样,你不需要写下你遇到的事,而是要写下你做过的事或你的行为举止。

现在 写下你昨天做过的5件事或5种做事的方式。

写完之后,再读一次你的清单。你写下的是5件好事呢,还是5件并不算太好的事呢,还是两者皆有?

你可以选择在"我做到了"清单上写些什么内容,写些令你自豪的事吧。

例如:

- 你参加的活动。
- 你解决的问题。
- 你做出的决定。
- 你面对的挑战。
- 你获得的成绩。
- 你达到的目标。
- 你承担的积极的风险。

- 你帮助的人。

> **现在** 写下你今天做过的 5 件让你感到自豪的事或 5 种举动。

刚开始也许连想一件事都很困难,但你要坚持尝试!这些事可以没那么重要,你不需要去赢一个诺贝尔奖,不需要成为一名英雄或明星,也不需要去攀登珠穆朗玛峰,更不需要去终结世界上的歧视现象或气候变化。

你会发现当你做自己时,你就会去做好事,并以积极的方式行动。你的清单上可能会包含以下事:

- 我很努力地解数学题,我觉得 10 题之中我能对 8 题。(明天我就能知道结果啦。)
- 我很自觉地整理了房间。
- 我准时到校了。
- 我对学校里的新生很友好。
- 我在全班同学面前做了演讲,我有点儿害怕,但没有结结巴巴,最后成功地完成了演讲。
- 我参加了足球队的选拔。
- 当我们养的沙鼠从笼子里逃脱之后,我帮忙找到了它。

- 我在晚餐前摆好了桌子。(而且还做得不错。)
- 当我的小妹妹摔倒了且磕破了她的膝盖时,我抱着她并安慰她,直到她不再哭泣,然后我帮她清洗并包扎好了伤口。
- 爸爸因为我打破了窗户而骂我,但我从头到尾都保持冷静,并告诉了他事情的真相——那只不过是个意外。然后我提议和他一起修好窗户。

为什么列一个"我做到了"清单是个好习惯?你也可以把它称作你的自豪清单,它能帮助你为自己发声。有时候,你也许会忘记自己是个有价值的人,这时候"我做到了"清单就能提醒你,它每天都能为你提供自豪的感受。

每天都做这件事,
无论是工作日还是双休日,
无论是上学期间还是放假期间,
每天都要为自己感到自豪5次。

第4章 如何建立自尊

把你的"我做到了"清单看成一个"自尊储存账户"。下一次你感到自尊受挫时，就去翻翻这个账户。记住你在写下这些事时的感受。这能帮助你增强自尊，让你好受些。

从现在开始，不管发生了什么让你觉得自豪的事：

1. 停下：停下手中的所有事，留意一下你感到自豪的原因。
2. 感受：感受这种自豪的感觉。
3. 储存：把这份感觉储存在心里。
4. 写：尽可能快地把它写下来。

列"我做到了"清单的小技巧

- 和你的父母或全家人一起列这个清单。这是个值得所有人都参与进来的好习惯。

- 把你的"我做到了"清单好好地存放在一个特殊的笔记本或文件夹里，然后按你喜欢的方式来装饰这个笔记本或文件夹。

- 经常查看你的"我做到了"清单，并再一次享受你的成功。

- 经常查看你的"我做到了"清单，从里面选一些事再做一次。如果你写的是"我帮妈妈修剪了草坪"，那

> 就问问妈妈是否需要再帮助她修剪一次草坪;如果你写的是"我为全家人准备了晚餐",那就开始设计一下今晚的菜单吧。

改变你内心的声音

当你听到内心的批评或责怪自己的声音时,你要用关心和温柔的声音去替代它。当你内心的声音过于尖酸刻薄时,你要反驳它!

与其把注意力放在那些令你失望或烦恼的事上,不如想想那些令你自豪的事。最重要的事是,你要永远温柔地对待自己、尊重自己。

以下是能改变你内心声音的3个重要步骤:

1. 对自己说一些新鲜的、积极的话语。比如在看见镜子里的自己时,告诉自己"我喜欢你"。

2. 让自己去体验全新的感受。在看见镜子里的自己时,给自己一个大大的笑容吧,然后对自己说一些友好的话语。感受由笑容和话语带来的自豪与自信吧。

3. 倾听自己内心的新声音。这种声音充满关怀地对你说话，向你传达了积极的语言并增强了积极的感受；用同情来安慰你，用赞美来温暖你。想象一下，就像是你最敬佩的那个人在和善地和你说话，还对你友好地微笑。

人们也把这种内心的声音称作"自我对话"。你对自己说的话是重要的，当你想象你崇拜的对象正在温柔地对你说话时，你有的那种感觉和你创造的那种新声音也是同样重要的。

记住，你现在已经足够优秀了。

不要这么说	要这么说
"我什么都做不好。"	"我能搭建一个不错的篝火。"
"没人愿意当我的朋友。"	"我能成为某个人的好朋友。"
"我有时候真是蠢到家了！"	"我知道很多关于动物的事，尤其是关于狗狗的。"
"万一没人喜欢我的科学项目怎么办？"	"我在科学项目上花了大工夫，我为它感到自豪。"

把改变你内心的声音这件事做得自然需要一个过程。对于某些成人而言，这个过程甚至可能需要一年或更长的时间。我们认为孩子比成人学得更快，因此对你而言，这个过程或许并不需要很长的时间。但不管需要多久，你都要对自己耐心些，要不断地去尝试。

为自己发声

花些时间与爱你的人在一起

当你长大之后,你对朋友的兴趣会超过你对家人的兴趣。你可能会希望和朋友相处的时间更长些,和家人在一起的时间更少些。

家人可能会给你带来烦恼,也能给你带来别人所无法给予的毫无条件的爱与包容。当然了,你们有时候会不赞同彼此的意见,有时候还会吵架,甚至可能会伤害到彼此。当发生了这种情况时,记住要原谅对方就显得尤为重要了,因为在内心深处,你们确实是爱着、关心着对方的。

无条件的爱与包容是构建自尊的有力元素。如果一个陌生人靠近你,对你说"你是世界上最棒、最聪明、最优秀的孩子",你可能只想尽快逃跑。但如果是你的外祖母对你说了这句话,你会微笑着抱抱她,甚至可能相信其中的每一个字。

帮助他人

你能通过许多方法来帮助他人,从而改变世界。看看你的周围吧,向你的朋友、邻居、家人、老师等征求意见,也可以和他们谈一谈。

和家人一起参加社会服务项目,你觉得怎么样?参加或创办一个社会服务社团呢？加入与社会服务相关的社团呢？许多社团都能给孩子提供参与社会服务的机会。

尽管如此，你也不一定必须在某个社团或组织里寻找参与社会服务的机会。你可以花1小时来清理社区里的垃圾，或给一位上了年纪的邻居读读书，或在其他小孩的父母做家务时帮他们照看孩子。当然，也不要忘记做自己该做的家务。

还有一点要记住，以上行为也符合你对扶持（关心和帮助）他人的需求（回看第68页，你可以更深入地了解这种需求）。

为自己发声

知道拥有积极自尊的16种标志

如果符合以下情况,你就拥有积极的自尊:

1. 你是否拥有强大的自尊并不取决于你在生活中是否事事顺意。

2. 你享受自己的成功,并为自己的成功(而不是别人的赞扬)发自内心地感到自豪。

3. 你助人为乐,却又不求回报。

4. 你不畏惧通过谈论你的才华与能力来夸奖自己,但你也不会通过夸大事实或吹嘘自己来让别人感到渺小和羞耻。

5. 你并不怎么担心失败或出洋相。

6. 你不会为自己的错误找借口,你会承认错误,并从每一次犯错中吸取有用的教训。

7. 你是自信的,对于想要和需要的东西都敢说出口而且不刁蛮。

8. 你对自己的现状感到很满意。

9. 你不需要通过蔑视他人来寻找自身优越感。

10. 你能为自己做很多事,但在需要帮助的时候你也不会犹豫。

11. 你会接受赞美，但不会因此觉得自己高人一等。

12. 你会倾听别人的批评，并对此认真地考虑，但你不会因此一蹶不振。

13. 你不会因为某人的质问而变得缩手缩脚。

14. 你不会因为某人要挑战你而生气。

15. 你会在意成绩，但不会试图做到完美无缺。

16. 你能自嘲。

当你的自尊开始减弱时，该怎么办

在一生当中，你的自尊会增强，也会减弱，你有时会觉得自己状态良好，有时却觉得一切都不尽如人意。这是一件正常且再自然不过的事。

当出现了这种低落的感受时，你能做些什么？当你的自尊开始减弱时（不管是什么原因导致的），你该怎么办？

光是有积极的想法已经不管用了，你必须采取积极的措施。读一遍你的"我做到了"清单，这能帮助你获得灵感和想法，然后你可以做一些能建立你自尊的事来继续补充这个清单。

用"可以""不要"建立积极的自尊

可以犯错。这个错误可以大,也可以小。我们认为每一个人,每天都可以犯下4次大错。

不要和别人做比较。这个习惯很难改掉,尤其是在我们周围全都是这种情况的时候。父母比较他们的小孩,老师比较他们的学生,你的同龄人之间也互相攀比。但记住一点:你是独一无二的,世界上再也没有一个和你一模一样的人。

可以失败。很多人认为在所有事上都失败是一个灾难。所有人都有失败的时候,因为人无完人。记住了,你在某些事上失败了并不意味着你是个失败的人。

不要因为别人对你的看法而焦虑。我们当中的大部分人都对结识新朋友感到不安。我们会想,他们会怎么看待我?他们会喜欢我吗?他们会不会认为我是个傻瓜?他们会不会觉得我很无聊?焦虑会让我们感到加倍的不安,也会让我们感到无助和失去自我,这时候我们大多会感到羞耻。

你可以选择改变你的想法,与其想象他人会怎么看待你,不如这么问问自己:"我会怎么看待他们?我会喜欢他们吗?我会认为他们是有趣的人吗?"这样你就能获得同等的权力,也就不那么容易感到羞耻了。

可以不断地挑战自己。将你的自尊想象成呈螺旋状上升的样子。当你的自尊很强大时，你会信心百倍地面对挑战；当你成功时，你的自尊就会增强，你可以更自信地面对更多的挑战，这样自尊就会慢慢地积累下来。有时候你会失败，但你会因为自己强大的自尊而游刃有余地应对失败。

不要给自己设定无法完成的目标。如果你尝试了一遍又一遍却还是失败了，那就重新考虑一下你的目标吧。把自己想象成一个跳高运动员，将你的目标杆子调低一些，并时刻谨记：明天又是崭新的一天。

可以把自己当成一个有价值的人。对自己做过的好事、自己是个能干的人这个事实和自己积极的生活方式都给予足够多的赞扬。要总是把自己当成一个有价值的人，事实上你也的确如此。

不要因为生活中出现的坏事而责怪自己。也不要接受任何来自别人的、试图令你失落的指责，哪怕对方是成人。指责并不等同于负责。指责是一种消极行为，而负责则是积极的。指责会带来消极情绪，如"我不够好""我做错了""我是个坏人"。而负责则能产生积极情绪，如"是我做的，但我能尝试补救它""下次我能做得更好"。谨记：你只需要为你个人的行为和感受负责,别人的行为和感受与你无关。你妈妈生气了并不是你的错,你所在的垒球队比赛输了也不是你的错。指责只能逐渐削弱积极的自尊,无法帮助到任何人(同样地,试着不要在别人犯错时指责他们)。

可以每天都列快乐清单和"我做到了"清单。它们的的确确能起到帮你收集并储存快乐感受和积极自尊的作用。通过运用这些工具,你会学着如何收集积极的感受,并把它们存放在心里。与此同时,你也在帮助自己远离负面情绪并继续前行。

做对自己有益的6件事

1. 只为好玩、娱乐而做一些事。而且只要一有机会就去做,这些事包括游泳、荡秋千、拼模型、涂鸦、打篮球、画漫画、写故事、设计你的个人网站……试着忘掉那句老话:"值得做的事都值得用心去做。"别事事追求完美主义,不要期待自己成为一个精通一切的专家,为自己留点儿单纯取乐的空间吧。

2. 每天都要治愈自己。只要能快乐舒心,你可以做任何事。听你最喜欢的音乐、洗个泡泡浴、打游戏、听笑话……每天都积极地照顾自己是一种滋养自己的方法。

3. 原谅自己曾做过的某些事。我们都会后悔做过某些事,我们也都伤害过别人的感情或犯过某些错，但我们并不需要因此永远地活在悲伤和负罪感中。我们不需要在余生里还背负着负罪感和愧疚感，学会原谅自己，我们才能开始放下负罪感和愧疚。

现在试试这个办法吧。选择一件你做过的事，最后一次回忆它，回想这件事的一切，包括过程和细节。你当时做了什么？你说了什么？你感觉如何？是否牵涉到了别人？他们说了什么，又做了什么？结果是怎样的？你受到惩罚了吗？在又一次全面感受之后，闭上眼睛，告诉自己："我对我做过的事真的感到很抱歉，但我已经因此受困扰太久了，现在我要原谅自己。"最后给自己一个大大的拥抱来结束吧。

4. **每天至少做一件对身体有利的事**。让身体动起来，散步、骑自行车、跑步或做做仰卧起坐。体育锻炼能增强自尊、改善身体形象，让你拥有一个积极的面貌，并且有助于自我感觉良好。

5. **每天至少做一件对头脑有益的事**。解开一道谜题或脑筋急转弯题目，看一本书，回忆歌曲、诗歌或戏剧中的一段内容，在收音机或网上听一场音乐会，逛博物馆（线上或线下），接触新事物。

6. **寻找值得信赖且你愿意与之交谈的大人**。在童年时期总是会遇到不顺心的事，而有爱心的大人则能帮你直面恐惧；作为一个孩子，有时也会感到困惑，虽然不是所有的大人都能帮上你的忙，但至少其中有一部分人可以为你指出正确的方向。让直觉引导你去找到正确的人，选择3个或更多让你觉得和他们在一起时很安全的大人——尊重你、足够关心你、愿意倾听和尝试了解你的大人。这是你能为自己做的最好的事之一。

第 5 章

如何获得内心安全感

拥有内心安全感意味着你知道自己是个有价值的人，意味着你相信自己能处理好生活中的各种挑战。当你拥有内心安全感后，哪怕你正害怕某些事，你也会以自信的姿态来面对这个世界。你会接受人无完人的现实，知道自己也会犯错，也会知道无论发生了什么事你都能重振旗鼓。你从这份认知中获得了安全感。

内心安全感是安全感的一种。我们都需要"外部安全感"，也就是在家里、学校里和社区里都感到安全。与此同时，我们还需要发自内心地感到安全。

自我力量和积极的自尊都在支撑着内心安全感，三者相辅相成。它们能帮助你了解和接受自己能掌控什么、不能掌控什么；它们能帮助你看清事实、做出选择，还能帮助你对自身感到骄傲；它们能帮助你成为自己最好的朋友。

获得内心安全感的过程中会遇到一些挑战，但有一些方法能帮助你获得内心安全感。在本章中，你将会了解到这些挑战和方法。

接受自己的无力感

迄今为止，关于"力量"这个话题，我们已经讨论了很多。一生之中，你能通过努力拥有自我力量，也可以在人际交往中拥有同等的权力，在有选择余地时，你则会感受到更多的力量。选择＝力量。

这还不是全部的内容。有时候，我们所有人，不管是孩子还是大人都会感到无能为力，也就是说有些事的发生是我们无法掌控的。

用1分钟的时间好好想想，有哪些事是你永远都无法掌控的？在它们发生（或让它们不要发生）时，是什么令你感到无能为力的？

你能让雨停下来吗？你能让雪开始下吗？你能不再长大吗？如果曾经的好友如今和你形同陌路，甚至不愿再见到你，你能和这个人重修于好吗？你能制止父母间的争吵或打消他们离婚的念头吗？在面对以上情况时，我们都是无能为力的。

就算我们拥有自我力量，也不能避免这类情况的发生。拥有自我力量并不意味着总能对所有人或所有事拥有决定权。事实上，拥有绝对的力量是一件不可能的事。我们可不是超级英雄！我们只是人类。

了解自己

写下一个让你感到无能为力的时刻。描述当时发生了什么,持续了多久,你是如何应对的,以及你当时的感受如何。运用第28~29页的感受词汇来指明并描述你的感受,然后再考虑另外两种可行的选择。做出不同选择之后事态会有怎样的改变?你认为事态会变得更好,还是会继续恶化?如果再次遇到类似的情况,你会怎么做?

拥有自我力量意味着清楚地知道、理解自己是无能为力的,并敢于接受这个事实。世上的确存在着你无法改变的事。

要做到这一点并不容易,无力感能轻而易举地把你的安全感冲得一干二净。当你感到无能为力时,你也许会焦虑、害怕、嫉妒乃至生气。通过阅读本章后半部分的内容,你能学会找回安全感的方法。但在此之前,我们得先聊聊生活中的另一个事实:不确定感。

接受生活里的不确定感

正如我们想掌控某些事一样,我们也会期待生活中充满确定的事。我们想要知道将会发生的事,但生活不会总如人愿。

在生活中，如果你身边的人言出必行，那么你会对他们的行为感到更有把握。当你对于事情发展有一个明确清晰的想法时，事情就会按照你的想法发展，你会因此更有把握。你会觉得自己可以满怀自信地期待将会发生什么，以及人们会怎么行动。

可以放心期待将会发生的事意味着有更多的确定感，而不确定感则意味着无从得知未来发生的事。

你能确定的事有哪些？下面列出了一些可能符合你情况的例子，你还能举出别的例子来吗？

- 每天早上，太阳都会升起。
- 当你从学校里出来后，你知道自己的家永远在它该在的地方。
- 在睡了一个安稳觉后，你会起床。
- 你最好的朋友不仅今天是你的朋友，明天也依旧是。
- 当你回到家时，你的狗狗会蹦起来欢迎你。
- 你的科学学得不错，也会一直学得不错。

那么你不确定的事有哪些呢？什么事会让你感到不确定？以下是一些你不确定是否会发生的事，或你不能确定它们是否

会像往常一样发展。看看这些让你不确定的事，你还能说出更多的例子来吗？

- 就算太阳照常升起，今天的天气也可能是多云或有雨。
- 就算刻苦学习，你也未必能在下一次数学小测验中获得高分。
- 你的爸爸答应这周带你去看电影，而你知道他经常工作到很晚。
- 你的一个朋友答应你会来参加你的生日派对，但她之前曾经违约过。
- 你非常喜欢且尊敬的一位老师得了重病，他可能再也无法回到学校上课了。

了解自己

写下3件你确定的事，你感觉可以掌控它们接下来的发展。先尽可能详细地描述它们，再说说你对它们的感受。不管感受如何，你都要尝试准确地解释它们。请运用第28~29页的感受词汇来指明并描述你的感受。

现在用同样的方法来应对不确定的事。写下3件你不确定的事，你无法断言它们会如你所愿地发展。先尽可能具体地描写每一件事，然后说说你对它们的感受。如果你对一段人际关系感到不确定，那就描述一下这段关系以及你正在焦虑的具体细节，你可以再次运用之前学到过的感受词汇来帮助自己描述这种感受。

接受自己的局限性

自我力量和确定感是不同的，但你必须同时拥有它们才能获得安全感。你需要觉得自己可以预见或掌控事情的发展。这一点无论是对孩子还是对大人都是一样的。

无力感和不确定感都是你生活的一部分，即使我们希望它们不是。当你感受到它们时，尤其是同时感受到这两者时，它们带给你的是极大的沮丧和失落。如果你不能预知或掌握某种情况，你也许会感到害怕、羞耻乃至生气，你内在的安全感正岌岌可危。这些感受会来得又快又强烈。

这一切看起来可能会令人混淆。

自我力量和确定感对内心安全感而言都十分重要。

但自我力量和确定感也不是无所不能的，它们也有局限性。

幸运的是，我们能够学习如何处理无力感和不确定感。其中，最重要的一个方法就是接受它们。

接受自我力量和确定感都有局限性这一事实，能帮助我们应对焦虑和害怕的感受、获得内心安全感，还能帮助我们继续前行、专注于我们能做的事。

"接受"这个举动本身就充满了力量，但要做到这一点可不容易，这是我们所有人都会面临的挑战！下面是一些帮助你了解"接受"的举措：

1. 首先，你需要指明你的感受。在第2章中，你已经了解到能够清楚地指明感受是一件多么重要的事了。在你开始处理无力感和不确定感之前，你也需要指明它们。你需要更多地注意发生在自己身边或内心的事。你可以这样告诉自己，"因为在这段关系或这个社团中，我感到无力而生气"或"我的不确定感过于强烈了，我既不知道接下来会发生什么，也不知道到底是什么令我如此害怕"。

指明这类感受能帮助你清楚地认识到自己究竟有多少力量或确定感，以及自己在这方面有多少欠缺。明白某些情况是自己无法控制或预知的，这是了解"接受"的第一步。

2. 接下来，寻找选择方案。告诉你自己"我能用这种方法或那种方法来处理这件事"，然后再决定哪一种才是最佳方案。问问自己："每种方案会带来什么后果？如果我这么做会发生什么？要是那么做会发生什么呢？"

切记，选择＝力量。寻找选择方案并做出决定，以此来获得自我力量和内心安全感。这能帮助你化解焦虑、恐惧、嫉妒和羞愧的感受。

3. 现在开始练习，去接受那些你无法控制或预知的事。置身事外，好好思考，对自己说："我知道自己不能掌控所有情况，不能预知接下来会发生的所有事，没人做得到这一点，这很正常。"第一次说出这些话时，你也许并不会相信这些话，你依然会觉得自己还未准备好接受局限性的存在。但长此以往，你将会了解"接受"这件事。

4. 最后，专注于你能做到的事。将你的注意力转移到那些你能控制的事上。你可以在深思熟虑后做出符合实际的决定，或运用本书后面的内容来协助自己做出决定，这样做能帮助你获得内心安全感。

和学习所有技能一样，要做到这一点需要时间和练习。你练习得越多，就会做得更好，也会获得更多的自我力量和内心安全感。

还要记住一点，无力感和不确定感能给你提供成长和学习的机会。你也许无法改变事态发展的方向，但你能改变自己的行为，甚至能改变自己的态度。

有一天，曼迪放学回到家后发现妈妈不在家。姐姐告诉她，妈妈突然被送去医院了。曼迪感到十分害怕，她很担心自己的妈妈，不知道妈妈出了什么事儿，也不知道妈妈什么时候才能回家。曼迪感到非常无力，她觉得事态发展超出了她的掌控，她无法得知接下来会发生什么，也不知道妈妈什么时候才能痊愈。一切都无法确定。

曼迪手足无措，越发地焦急和害怕。然后，她想起了可以帮助自己做出选择的方法，她问自己："我现在有哪些选择呢？"

曼迪意识到，哪怕正处于无法控制或预知的事态中，她也依旧有能做的事。她可以遛狗，可以准备晚餐，可以拜托姨妈带她去医院看望妈妈，可以和姐姐说说自己的感受，还可以接受自己对妈妈的病无能为力这件事。当然，曼迪还处于焦虑中，但她现在更冷静了。

了解自己

回忆一个你感到既无力又不确定的时刻，将它写下来，说说你的感受以及你做了什么。有需要的话，可以运用第28~29页的有关感受的词汇。想出两个解决方案，并写下每个方案会带来的后果。在某种情况下适用的方法也许在其他情况下并不可行，你找到的方法越多，你的力量就越强大。

掌握获得内心安全感的方法

当你感到无力或不确定时，你也许无法改变现状，但可以让自己获得内心安全感。内心安全感越强，你就越能应对艰难的时刻。随着你能更好地管理自己的感受和行为，你的力量也增强了。

获得内心安全感需要一系列方法。事实上，从工程师到音乐家，不管是谁，只要想创造些新东西，就得用到方法。这些方法也许各有不同，但它们都诞生自你所拥有的知识和技巧。

其实你已经掌握获得内心安全感的方法了，因为这本书中的所有概念都是相辅相成的。你还记得第4章末尾说的"做对自己有益的6件事"吗？这6件事同样能让你获得内心安全感。

在本章的剩余内容中，你将学会使用其他能派上用场的方法。

在量表中找到你的位置

思考力量和确定感的途径之一是列出两个从低到高的量表，想象其中一个量表从底部到顶部是从无力到有力，另一个量表从底部到顶部则是从不确定到确定。

你可以像下面的例子一样把它们画出来：

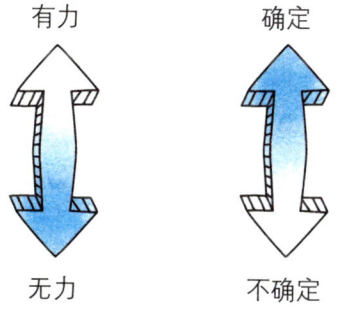

你能在每个量表中自由地上升或下降，就好像你可以根据音阶演唱或演奏高音和低音一样。你在力量量表中可以处于上方或下方，在确定感量表中也一样。你在每个量表上的位置可根据具体情况变化，有时你在两个量表中都处于靠上的位置，这时你会感到有力与确定，有时你在两个量表中都处于靠下的位置，但你更可能在两个量表中都处于中间的某个位置。

当你感到困惑、害怕和焦虑时，即使你不知道到底为什么会这样，也要在每个量表中的某个地方标出你的位置。试着在每个量表里找到自己的定位，然后问问自己："我有多少力量？在这件事上我能掌控的部分有多少？我有多么确定，或者说有多么不确定？"然后看看你的位置能否往上移一些，或下降一些，或依旧停留在原地。为了解决这个问题，你可以问自己几个问题，比如：我在10分钟之前的感觉是怎样的？我可以掌控的部分是变多了还是变少了？现在这种情况跟我预期的完全不一样还是差不多？

现在你学会了一种至关重要的方法。在遇到能威胁你内心安全感的情况时，你就可以运用这种方法来指引自己了。

为什么这种方法至关重要呢？因为对任何处境都有清楚的了解，能让你更容易地应对所面临的情况。只要说出"我现在觉得很无力"这句话，这种方法就能帮助你了解现在能掌控什么和不能掌控什么，也能帮助你做出下一步的决定。反过来，它也能让你拥有自我力量，让你感觉没那么不确定。这意味着你在每个量表上的位置都开始有所改变。

因此，在你遇到相关的情况或人际关系时，别忘了问问自己以下几个问题：

- 我在这种处境或这段关系中拥有多少力量？

为自己发声

- 我感到无力的程度有多深,为什么?
- 我在这种处境或这段关系中有多么确定?
- 我感到不确定的程度有多深,为什么?

在回答了以上问题之后,再对着量表找出你在每个量表上的位置。如果你在量表中的位置都靠下,那么你要想想如何才能提高自己的位置。

也许你的位置没到达量表的顶端,或你没办法立刻提高自己的位置,没关系,你都可以尝试运用下面的问题来提高自己在量表中的位置:

- 对我而言,能够让我应对这种状况的选择有哪些?
- 每一种选择可能会带来什么样的后果?
- 在不伤害别人的前提下,做出什么样的选择才能让我获得更多的力量和确定感?

积极想象

另一种获得内心安全感的方法则是积极想象。

在意识到这种方法存在之前,你也许早就已经使用过它了。当你在做关于未来的白日梦时,你就正在运用积极想象来描绘自己在不同身份或不同背景下的生活。

积极想象还能帮助你做好准备,因为你已经在脑海中勾勒出事态发展的各种模样了，还勾勒出不管发生什么你都能以不同的方式去应对的场景，所以你能以更好的心态面对任何状况。例如，在以下几种状况中，你能运用你的想象力：

1. 正在做一份很难的测试，并且完成得不错。
2. 正在全班同学面前进行一次颇具挑战性的演讲或展示，却突然脑海中一片空白，手足无措。
3. 当被霸凌时，为自己发声。
4. 因为同班同学孤立自己而感到孤单或嫉妒。

提前想象某个场景能让你在真正面对它时做好更充足的准备。因此，要想象大量的不同结果，不仅要想象成功的结果，而且要想象失败的结果，然后再想象你该如何应对每一种结果。

> **奥斯卡**要和其他孩子一起在学校的晚会上同台演讲。当轮到他时，他却突然卡壳了，一个字也说不出来。其他孩子没有管他，继续演讲。当其他人说话时，奥斯卡只能垂头丧气地站在原地。他下台时甚至没敢去看别人，觉得很丢脸。
>
> 当天晚上，奥斯卡回到家后仍感到很沮丧、很迷茫，也很羞愧。但接下来，他问自己："我能从今天发生的一

为自己发声

切中学到什么呢？下一次我能做什么不一样的呢？我的选择都有哪些？"他看着镜子中的自己，直视着自己的眼睛，然后微笑了起来。他用力地拥抱了自己一下，告诉自己："我原谅你了！"

第二天课间，奥斯卡坐在操场边的安静角落里。他记起昨天在台上发生了什么，他好像看见这一幕在眼前重现了，甚至又感受到了当时的心情。他闭上眼睛，在脑海中想象着要是将来再遇到同样的状况他该怎么处理。奥斯卡想象着，下次哑口无言或张口结舌时他可以说个笑话，他看见自己在台上说："我可不是家里那个多嘴的人！"然后他觉得心情好多了，因为他已经知道了将来他能做的事。

想要运用积极想象这一方法,你得找一处安静的地方,这个地方能让你放松下来并专注于这件事。接着,想象你正感到焦虑,或马上会焦虑的场景,让它在你的脑海里上演。然后,开始想象你会怎样应对这种状况,比如你能做什么或说什么,就好像自己真的正在面对这一项任务或挑战一样,所以想象时要尽可能多地去想象相关细节。同时,想象你成功时和失败时的样子。无论你想象的结果是怎样的,都会帮助你更有自信且充满力量地去面对恐惧。

当你准备去面对某些有挑战性的事情时,比如反抗霸凌,抵抗来自同龄人的压力或面对一个对你不公平的大人,积极想象将会是一个好办法。积极想象不会让你完全控制局面,也不会给予你预知即将发生的所有事的能力,但能让你感到更加自信和做足了准备!

了解自己

写下3种你即将面临并让你感到紧张的场景(也许你会对它们感到兴奋)。运用积极想象,尽可能细致地去想象这几种场景中的一种,好像它真的发生了一样,然后想象你会做什么或说什么。可以想象你做得很棒的情景,同时也要想象你失败或做得不够好的情景。写写你会如何应对失败,也写写你对成功有何感想。接下来，描述一下运用积极想象带给你怎样的感受，以及你在想象时有什么感受。现在你已经想象完毕了，你感觉如何呢？运用第28～29页的感受词汇来指明并描述你的感受。

应对担忧与害怕

积极想象是很有用的方法，但有时想象可能发生的事反而会让你感觉更糟糕。当你开始想象很多令你发愁的事，尤其是那些你无法控制的、巨大而令人生畏的事时，你最终会感到越来越焦虑或害怕，甚至可能会无法想起别的事。然而，你还是无法控制将会发生的事。因此，所有的忧虑对你而言都毫无益处。

当你听到世界上那些可怕的事情时，担忧和害怕确实对你没什么好处。举个例子，也许你曾看过关于恐怖袭击的新闻报道，曾听老师和同学讨论过学校袭击案，曾了解到世界上的某个地方正在经历战争或自然灾害的侵袭，这些事看起来离你很远，你也很难想象它们究竟是什么样的，但不幸的是，它们也是生活的一部分。有时候人们（甚至孩子）会伤害别人，有时候坏天气（比如台风）会破坏房屋或给人们带来灾难，也可能有的人正被贫困、饥饿或疾病所折磨。

这些事光是想想就令人害怕不已。尽管我们很想通过预测或控制这些事来阻止悲剧的发生，但很多时候我们做不到。我们不知道它们何时发生，也无法阻止它们发生。

如果我们放任担忧和害怕的感受滋生，那么无力感和不确定感能让我们一蹶不振。担忧和害怕不受控的事情不会改善我们的情绪。但好消息是，你可以在内心采取行动，让自己体会到安全感，不再那么担忧或害怕。方法之一就是注意自己的想法和感受，注意从什么时候开始担忧的感觉在你内心占据了上风。无论你在什么时候看到或听到了关于暴力以及其他令人害怕的事，你都要密切关注自己的感受。如果你对此一直担忧或害怕，就和一位你信任的大人聊一聊，也别忘了用本章中介绍的方法来获得内心安全感。

了解自己

回想一个当你听到暴力事件、自然灾害的时刻或别的让你感到害怕、担忧的时刻，运用第28～29页的感受词汇写出你当时的感受，然后和一位你信任的大人谈论一下你的想法和感受。

给你的心灵开一扇门

有时,你可能会觉得无论如何也找不出令你害怕、担忧的原因,你不断地去想象,怎么也停不下来。既然这样,那就别试着去阻止事件的发生,而是反过来运用这个方法来掌控你的思想和你担忧害怕的感受。

不管你身处何地,闭上眼睛,稍微花点儿时间(当然,根据你的个人喜好,你也可以睁开眼睛做这件事)来想象自己正身处一间有门的房间,然后再想想你正在担心或害怕的事,它正试着要通过这扇门挤进房间里来。现在,轮到你来想象了,想象你正把所有的担忧和恐惧(所有令你害怕和威胁到你的事)往门外推。你把这些感受推到门边,然后一鼓作气直接推出门外,就好像你正在现实生活中做这个动作一样。你,而不是你的恐惧,才是拥有掌控权的那个人,你的力量更强大。

现在来仔细地构建这

扇门吧,勾勒上面的每一个细节,然后"砰"的一声用力关上它,再紧紧地锁住它。现在,已经没有什么事可以进入你的房间(也就是你的心灵),除非你自愿打开门让它进来。

运用想象,让自己冷静,让烦恼通通消失。

用想象驱散阴霾并冷静下来

在担忧或害怕占据上风时,还有一种方法可以帮上忙。首先你需要找一处舒服又安静的地方,坐下或躺下,然后闭上眼睛,想象正身处你最喜欢的地方,这个地方应该是让你感到放松、觉得像在家里一样、有着绝对安全感的地方。它可以是海滩或山林,可以是一片湖泊或一座公园,也可以是你家里的某个角落。如果你想象不出一个真实的地方,那就在想象里创建一个虚拟的地方。

现在,想象你正身处其中,目光所到之处、耳畔所闻之声全是这片景象里的,你能感觉到空气的流动,能闻到香味。在这处宁静又安全的地方好好享受一会儿吧。在享受的同时,慢慢地深呼吸,感受平静的浪潮正冲刷着你,你感到了安宁。担忧和害怕都离你而去,你的身体和心灵是相通的,你觉得自己焕然一新。

5~10分钟后,睁开眼睛,伸个懒腰。别忘了,在需要的时候你可以随时回到这个地方，它总会在原地等着你。

向他人伸出援手

在第2章中，你已经阅读了"对扶持（关心和帮助）他人的需求"这部分内容。指明这一需求也是获得自我力量的一部分，而实施这一举动则能够帮助你获得内心安全感。专注于你能为他人做的事，是将你从沮丧中解救出来的一个好途径。尤其是当你正在为某件超出控制的事而烦恼时，向他人伸出援手就显得格外重要了。你能做的就是友好地对待他人，或帮他们的忙。在这一点上，你拥有掌控权。

为了表示关心和帮助，你所做的事可大可小。下面列出了一些想法，你还有其他的想法吗？

- 照顾你的弟弟或妹妹。
- 把公园或学校操场上的垃圾捡起来。
- 为爸爸妈妈做一顿晚餐。
- 向邻居提议替他修剪草坪。
- 给你的狗狗洗澡。
- 给帮助过你的人写一封答谢信。
- 创办或加入一个环境保护社团。
- 在动物收养所当一名志愿者。

- 向某个看起来很沮丧或孤单的人问声好。
- 收集衣物或其他物品,然后把它们捐赠给流浪汉收容所或其他有这方面需求的组织。
- 为别人开门。
- 自愿辅导小孩子阅读或学数学。

由于学校里的同学好像都不喜欢他,杰夫感到非常孤单。没有人邀请他加入社团,或和他坐在一块儿。他试着友好待人,但没人注意到这一点。除此之外,杰夫还担心很多事,他担心自己是否永远学不好数学,担心他那总是得去医院的爸爸,还担心明年他的新同学将是哪些人。

紧接着,杰夫看到新闻里报道了隔壁城市发生的校园暴力案件,他还听说了另外一则关于恐怖袭击的报道。现在,有更多的事需要他担忧了!他因为害怕、不确定和无力,晚上睡得很不安稳。所有事都一团糟,他能做什么呢?他感觉整个世界都在失控。

不管是在教室里还是在自己的卧室里,这些想法都不断地浮上杰夫心头。他想得越多,就感觉越糟糕,他不由得想到:"我要怎么做才能让自己好受点儿呢?有什么是

为自己发声

我能控制的呢?"

这时,来了一个叫卡米拉的转校生。大家按照老师的要求,纷纷欢迎卡米拉的到来。老师还告诉大家,最近发生的一场台风摧毁了卡米拉的家,还导致当地洪水泛滥。

这时,杰夫想出了一个主意。

午餐时,杰夫向卡米拉介绍了自己,并提议带她在学校里参观。他询问了卡米拉一些问题,这些问题关于她的现状以及她对家里发生的事有什么感受之类的。他向卡米拉表示自己对这一切很同情,而且真的很担心卡米拉。他以前从未认识过经历了自然灾害的人,他想帮助卡米拉。他还问了她现在的住址,并得知他俩住得不远。因此,放学后他问卡米拉是否愿意和他一起步行回家。

现在杰夫交到了新朋友,他觉得自己不那么孤单了。他想要帮助卡米拉融入新学校,也希望卡米拉觉得他是个值得信任的朋友。当天晚上,杰夫决定明天就问问卡米拉要不要常来他家里玩儿。

杰夫不由得笑了起来,他意识到,几周以来,他第一次没有感到担忧。找到了某个值得关心的人让他感觉良

> 好，他也可以向对方伸出援手。杰夫决定在学校里创办一个社团，专门帮助受到台风侵袭的人。接着，他安稳地睡着了，内心感到无比安全。

学会在网络中保护自己

我们都活在两个世界之中，一个是我们能触摸到、感受到的物理世界，也就是由家里、学校里的各种人和事构建起来的世界，另一个则是虚拟世界。这个虚拟世界存在于网络中，是一个充满了文字信息、邮件和社交媒体的世界。

就像你在生活和人际关系中需要自我力量一样，你在发信息、写邮件、浏览社交媒体或和网友相处时也同样需要自我力量。对于自尊来说，也是同样的。自我力量和自尊缺一不可，它们会同时增强，也会同时被削弱。如果一方消减了，另一方也会随之减弱。

回想一下你在虚拟世界中的经历。你在网上花费了多长时间？你浏览了什么网站？你用的App有哪些？你发布了多少条评论或多少张图片？你发送信息或邮件的频率有多高？

再回想一下,当你在网上花费了那么多时间之后,你的感受是怎样的。这些经历让你自信、快乐、冷静,还是让你感到沮丧、软弱乃至受伤?你最终觉得自己变得更强大了,还是变得更渺小了?

了解自己

你在网上最喜欢做什么,最不喜欢做什么?哪种活动让你感到自豪?哪种活动让你感到内心受伤或沮丧?回答每一个问题。你注意到了哪些具体感受?运用第28~29页的感受词汇来帮助自己指明这些感受。

如果你在上网后感受到的是悲伤、受伤或沮丧的情绪,这也许意味着你正在被霸凌。霸凌会发生在你居住的社区里、就读的学校里,也会发生在网上。发生在网上的霸凌,就是所谓的"网络暴力"(网暴)。它所带来的痛苦与面对面的霸凌所带来的痛苦是相同的。网暴你的人也许会直呼你的名字、传播关于你的流言蜚语或秘密,他们也许会发布对你而言非常尴尬甚至会伤害你的信息或图片。这种霸凌可能会令人格外消极,想要摆脱它的影响真的很难。现实中的霸凌者可能不会在放学后跟着你回家,但网暴却无论何时何地都能渗入你的生活。

霸凌你的人也许是想伤害你、控制你，或让你觉得自己毫无价值、渺小至极。但只有在你的纵容下，他们才会成功。

记住，只有你才能决定该怎么看待自己。

有时候，也许你不需要去应对霸凌行为，但你依旧会因为在网上的某些互动而感到不舒服或困惑，你可能没有来由地感到不安全，或对自己刚刚在网上做的事感到不安。也许你浏览了不该浏览的网站，也许你刚刚发的评论伤害到了某些人，也许你遇上了霸凌事件却没有对受害者伸出援手，也许你在网上浪费了太多的时间。

永远相信自己的感受，你的感受是你最好的向导。

如果你正面临一场网络暴力，或上网这件事让你感觉不舒服了，下面有几种做法可以供你参考：

- 在日记里写下到底发生了什么，注意你的具体感受，包括你对那些伤害了你的人的感受。密切关注无力感和不确定感。你是否正感到无力或不确定，还是感到既无力又不确定？如果是这样的，你能找出问题的源头吗？

- 暂时停止上网，出门散个步或陪宠物玩一玩，还可以和朋友一起出去玩、帮家人做做家务或读读书。

- 和兄弟姐妹一起看有意思的视频或电视节目，开怀大笑吧！

- 给自己设立一个挑战：每周至少有1～2天关掉平板电脑和手机等联网设备1小时，然后记录下你在这个挑战中的感受和你经历了什么。
- 和一个你信任的大人聊一聊。
- 如果你无论如何都没办法获得安全感，那就立刻寻求帮助。

创建一个个人屏障

在网上也能保持内心安全感和自尊的另一个方法，则是创建一个个人屏障。立刻来试试看吧。在自己身边画一个看不见的屏障，就好像你正被一个结实的塑料泡泡包裹住一样，你正透过它看外面的世界。它会随着你的移动而移动，总会待在你身边保护你，直到你主动关掉它为止。任何攻击你的事都会被它反弹回去，无法进入屏障内部。这意

味着不管是谁说了关于你的什么话，都只能永远被你的屏障拦在外头，除非你允许，否则没有什么东西能够进入你的屏障。你可以控制让哪些想法和感受进入屏障，也可以决定将哪些想法和感受拒之门外。

这就是自我力量！

所以，记住这个口令——屏障开启！然后建立起你的个人屏障。当你不再需要它时，就说："屏障关闭！"它就会消失。

反复地练习开启和关闭屏障。在网上，你随时都可以打开屏障，只有在感到安全时再关掉它。

在某些人嘲笑你或捉弄你时，你就能体会到屏障的作用了。他们的话语无法进入你的屏障，只能待在外头，从而无法让你消沉。当你和那些直呼你外号、取笑你或以别的方式刻薄对待你的人接触时，开启屏障。也许你认识的某些人经常伤害你，如果条件允许，提前开启屏障。就算攻击来得令你猝不及防，你也可以在意识到这一点时立刻开启屏障，这样就能把那些令人不愉快的话挡在外头。

还能做些什么呢？你能带着个人屏障到任何地方，网络之外的地方也可以！

了解自己

当开启了屏障后，去浏览你最喜欢的社交媒体或给某个熟人发信息。记住，在网上，就算只是读别人发过来的信息，也要保持屏障开启的状态。甚至和好朋友或家人在网上互动时，你也要注意自己的感受，并在需要时开启屏障。接着写写你的经历，描述你的确切感受和需求。你可以运用第28～29页的感受词汇和第62页的关于需求的词汇，还可以将这些感受与你在关闭屏障上网时的感受做个对比。你发现什么不同之处了吗？

快速增强内心安全感的方法

接下来，告诉你一些简单且能快速增强内心安全感的方法，立刻试试吧。

和自己讨论

在日常生活中，要留心你是否有无力、不确定的感受，如果有，你得立刻警惕起来，然后和自己说一说，就像这本书前面提到过的那样（详见第75～77页）。现在，要和自己说一说的是无力感或不确定感。以下是方法示范：

问问你自己:"我在什么时候会觉得无力?在什么时候会觉得不确定?"然后尽可能详细地去回答。接着,和自己聊聊这个话题。你的对话可能会像下面这样进行:

问:"我在什么时候会觉得无力?在什么时候会觉得不确定?"

答:"我在操场上时感到非常无力,因为其他孩子都在笑我。"

问:"对于发生的事,我还有什么感受?"

答:"我感到很害怕。"(或"我感到愤怒。""我感到尴尬或羞耻。")

问:"有什么办法可以应对这种场面呢?"

答:"我能开启我的个人屏障,还可以远离他们,或向他人求助。"

查看自己在个人量表中的位置

记得运用第157页中提到的力量和确定感量表,并把它们当作你的个人向导。它们将会在你遇到的任何状况中帮助你。首先在每一个量表中找到你的位置,然后决定下一步该怎么走。就这么接受你的感受和现状了吗?因为你知道自己无法改变它们吗?还有没有能采取的行动呢?你是否改变了自己的行为举止,或改变了自己的态度呢?

寻找选择方案

记住,在面对每个让你感到无力或不确定的状况时,都要找出至少两个方案来供自己选择。别忘了时刻问自己:"有什么方法能让我应对这个状况呢?"如果你无法找出两个或更多的方案,那就和你信得过的大人聊聊,一起看看是否能找出更多的方案。能够在任何状况中寻找选择方案是一种可以熟能生巧的技能。

指明并声明

如果你按照本书中那些"了解自己"的版块去做了,那你就已经做了大量的指明并声明自己感受、需求、梦想的练习了。坚持下去!这将成为你的一个好习惯。你越是了解自己以及自己的感受、需求、梦想,你就能拥有更加强大的自我力量和内心安全感。

自我力量、积极的自尊和内心安全感意味着了解、接受和声明你的一切,无论是你的优点还是你的缺点(这两样所有人都会有)。不要在意别人对你的看法,这一点非常重要,因为只有你才能决定这一切。

第 6 章

从今天开始，为自己发声

读完这本书之后，你应该学会了如何正确认识自己，也掌握了拥有自我力量、积极的自尊和内心安全感的方法，同时你也知道了怎么做才能让自己作为一个独立的个体获得更好的感受和更强的力量。

你还记得前文提到的米坎、贾丝明和胡安吗？米坎在学校饱受欺凌，贾丝明的父亲总是事事责怪她，而胡安的老师对他一点儿都不公平。如果你愿意，可以重新读一遍前言中关于他们的故事。

想象一下，假如米坎、贾丝明和胡安与你一样，通过阅读学到了这本书里的知识，知道了关于自我力量和积极的自尊的内容，他们就会知道如何为自己发声了。那么情况就会变成下面这样：

米坎

下次再有同学找麻烦时，米坎可以勇敢地站起来，和他们对视，并用坚定、自信的声音告诉他们："都离我远一点儿！我不喜欢这样，也不会再忍受下去了。"然后他可以平静地走开。

在接下来的几周内，米坎将会努力结交新朋友，和别的同学一起出去玩,还会参加课后社团。他很快就不再像从前那样孤单了,也不再像从前那样容易受人摆布或被人捉弄了。现在,米坎觉得自己在学校时的心情比以前好多了。

贾丝明

爸爸要是再一次无故责怪她的话,她就应该鼓起勇气,直视爸爸的眼睛,用坚定、自信的声音说:"爸爸,我们可以聊一些很重要的事吗?如果现在不是个好时候,过会儿我们再来讨论这个话题怎么样?"

爸爸同意约个时间谈一谈,贾丝明开始着手准备。

"我觉得您好像总是因为各种事责怪我,"贾丝明开口了,"但并非所有的事都是我造成的,我知道我不是个完美的人,但我也尽我所能地去做该做的事了。下次在您批评我之前,我们可以先说说究竟发生了什么吗?如果真的是我犯了错,那么我会承担责任或后果的,也会负责弥补的。这样可以吗?"

当天晚上，贾丝明给朋友发了条信息。

"你猜怎么着？"她写道，"我在爸爸面前为自己发声了。我要求他别再无故批评我，还告诉他我会变得更有责任心。也许事情会好起来。我现在感觉好多了！"

胡安

胡安隔天回到学校，请求老师和他单独谈一谈。

"我知道我没遵守'不许说话'这条规定，但您可不可以先听一下我的理由呢？"他以这句话作为谈话的开头，接着他平静地讲述了马修在桌子下踢他的事，并询问老师是否可以让他换个离马修远一些的座位。老师同意了。

胡安又问道："如果下次我又遇到了同样的事，在不违反规定的前提下，我要怎么做呢？"

"你可以先举手，"老师提议，"然后我会允许你开口说话的。"

"谢谢您，"胡安回答，"我会记住的。"

当你拥有自我力量之后，你会发自内心地感到安全和自信,你能做出更好、更优的决定;当你拥有积极的自尊之后,你会为自己感到骄傲,并能从内心里感到自豪;当你拥有内心安全感之后,你能发自内心地感到安全且充满力量。

  自我力量、积极的自尊和内心安全感就像阅读、写字和算术一样,都是你能通过学习而掌握的。通过阅读本书,你掌握了这三者的基本要素,也知道了自己需要获得并运用自我力量,需要构建积极的自尊,还需要增强内心安全感。这样,你就能够从今天开始为自己发声了。

给父母、老师和其他大人的一封信

> 嘿，小朋友，记得让你的爸爸妈妈还有老师深入了解这本书的内容哦！

学会建立积极的自尊是孩子们所必需的，也是最重要的心理技能。自尊意味着对自己的所作所为由衷地感到自豪和骄傲。缺乏自尊的孩子往往会怀疑自己、迫于压力而盲从于同龄人，或因感觉自己一无是处而自惭形秽，甚至转而抽烟、喝酒以寻求精神寄托。相反，拥有自尊的孩子内心有安全感，他们更愿意积极参与冒险，并为自己的行为承担责任，从而能应对生活中的变化和挑战，在面对失望、失败、挫折和被拒绝时表现得更为坚韧。

自尊不是自大，也不等同于傲慢与自视过高！

遗憾的是，人们常常会将自尊与自大、傲慢、自视过高（还有自恋、自负和无礼）混淆，以至于有些人误以为自尊会对孩子有害。但事实绝非如此。真正对孩子有害的是不加分析判断地随意赞美、迎合，让他们社会晋级①和盲目自负，但这些并不属于自尊的范畴。自尊应建立在事实真相、自己的成就和能力基础之上。拥有自尊的孩子，也往往拥有在社会上生存和发展的较强能力。

当然了，自大、傲慢和自视过高确实存在，这些是鄙视他人的结果，并非真正的自豪的产物。相反，自豪源于人们对自身拥有的成就、技能和能力的欣赏，与贬低他人无关。

其实，伪自豪常常是为了掩饰内心对他人的鄙视。如果仔细推敲，就会发现这种鄙视实际上是一种虚荣心，而不是真正的自豪。我们鄙视他人时，常常认为只有自己才是出类拔萃的，有一种别人都不如自己的错觉，然而在内心深处却感觉自己比别人差劲，鄙视他人只是为了暂时摆脱这种自卑。为了持续地消除自卑并怀有优越感，我们就必须不断找到可以让我们

---

① 社会晋级是指人们在资质、能力不满足要求的情况下，仍然在社会活动中得到晋级的现象。例如在升学时，即使没有达到升入高年级的水平，仍进入高年级学习的现象。又如在企业中晋升职务时，即使业绩没有达到要求，仍然升职的现象。

尊己卑人的对象。

校园霸凌是当今的学校乃至世界正面临的一大问题，其心理根源正是鄙视他人。那些喜欢嘲笑、戏弄以及骚扰别人的孩子，往往缺乏积极的自尊、真正的自豪感、社交技能和同理心，甚至还可能存在其他更严重的心理问题，包括因被父母或兄弟姐妹施暴而在心中埋下愤怒、孤独和嫉妒的种子，或对他人的成功感到不满。恃强凌弱的人认为他人的感受、愿望和需求与己无关，可以随意践踏。

当鄙视他人、无助和羞愧这三者在孩子内心发生碰撞时，情绪问题就会升级并演变成暴力行径。这也是造成校园霸凌频频发生的根本原因，着实令人感到忧心。那些用残忍手段伤害同学和老师的十几岁少年，缺乏积极的自尊和真正的自豪感。出于一些我们可能永远不能完全理解的原因，他们身上出现了过度蔑视他人、狂暴易怒等心理问题。在他们心中，别人的感受、愿望、需求都微不足道，生命如草芥。

自尊本身并非这一切的罪魁祸首。确切地说，缺乏积极的自尊才会导致孩子行为失当、伤害他人，甚至诉诸暴力或铤而走险。为了帮助孩子建立积极的自尊，父母和老师需要引导孩子摒弃鄙视、贬低他人的行为，学会自我悦纳；肯定自己的正确行为，勇于为自己的错误承担责任；在取得成绩

（包括有形的和无形的）时为自己庆祝；形成正确的价值观，明确自己应该支持什么和反对什么；萌生从内在到外在都争取做到最棒的渴望。如果孩子能牢牢把控住内心的感受和需求，相信自己的感知，客观认识自己，并充分发挥正能量，那么他们就会拥有安全感和自信，无须再通过贬低他人来满足自己的虚荣心。

自尊并非与生俱来，而是后天习得的。换言之，自尊与学习阅读、书写和算术一样，可以通过后天的教育来培养。所有孩子都需要在家庭和学校这些"基本因素"的共同作用下，习得自我力量和积极的自尊。

自我力量的形成还需要其他助力：需要了解无力感和不确定感如何影响我们的生活。当这两种感触交织在一起时，我们会认为自身安全受到了威胁。这种威胁可能真实存在，比如身边的霸凌现象；也可能是臆想的，比如对校园枪击和其他恐怖行径的忧惧。这时，无论是大人还是孩子，都需要学会一些技巧来应对这些使自己感到无力或不确定的事。因此，我们特意设置了重要的一章，题为"如何获得内心安全感"。我们相信，孩子们一定能学会并运用技巧去克服、消除无力感和不确定感。由此可见，无论是在家里、学校里，还是在网上，对自我力量和积极自尊的培养都是人们增强内心安全感的极其重要的方法。

这本书的出版，源于我们为成人量身打造的一个项目，名为"情感和尊严感"。该项目最早是在美国密歇根州立大学以无学分讨论会的形式进行的，后来逐渐演变为教育管理专业的一门课程，最后成为大学本科心理学专业的一门课程。该项目的成人版图书早已面世，书名为《力量的变化：战胜羞耻心，建立尊严感》(Dynamics of Power: Fighting Shame and Building Self-Esteem)。为了让10~15岁的孩子能自主阅读，专家们改写了该项目的概念、原理和方法，继而这本书得以出版，并进入广大读者的视野。

这本书适合孩子自主阅读，也适合亲子共读。当然，我们也鼓励所有父母或老师与您的孩子或学生共读此书，并对书中的故事、概念和活动进行讨论（这本书也会给成人带来新的收获哦）。父母和老师作为心怀关爱的成人，是帮助孩子获得个人力量和积极自尊的不二人选。我们要尊重孩子，鼓励他们做最好的自己，而不是期望他们完美；要允许孩子犯错，并让他们承担积极的风险（能够让他们成长和学习的风险）；要给予孩子做出选择和决定的机会；要邀请孩子一起分享自己的感受、需求和梦想；要努力成为孩子可以信任，可以一起讨论任何重要事情的人。

我们希望有朝一日，这本书中提出的思想和方法能够渗透在每门课程中，教导所有孩子用健康的、积极的和有意义的方式为自己发声。希望这本书能切实帮助到您和您的孩子！

致　　谢

我们要感谢W.K.凯洛格基金会以及密歇根州立大学的健康促进计划——为我们提供了资金,使我们得以开发与本书相关的课程;感谢密歇根州立大学心理学系的支持以及人类情感研究的先驱西尔万·汤普金斯博士;还要感谢朱迪·加尔布雷思,她提供了将我们的理念传达给孩子们的想法。